부동산 경매
7일 만에 끝내기

Seven Days Master Series

부동산 경매
7일 만에 끝내기

• 신수현 지음 •

살림

프롤로그
"경매는 심리다"

처음 경매에 입문하던 1997년 일이 기억이 난다. 그때만 하더라도 변변한 경매 교재조차 없었다. 당시에는 권리분석이 무언지도 모르고 경매를 시작했었고, 지금은 작고한 법무사 사무실의 조 사무장님께 경매의 기초부터 배웠던 기억이 생생하다. 그렇게 시작한 경매가 어느덧 15년이나 지났다. 지금은 필요하면 언제든 강의를 듣고 어려운 점을 해결할 수 있고, 컴퓨터와 스마트폰, 내비게이션 등 첨단기기들이 있어 편하게 경매를 할 수 있는 시절이다.

시절은 좋지만 10년 전에 비해 많은 경쟁자들이 있어

'낙찰'만은 그리 만만치 않은 때이다. 경매를 시작하며 낙찰을 받은 날보다 고배를 마신 날들이 몇 배는 많았기에 많은 고민도 해보았다. '어떻게 하면 낙찰을 잘 받을 수 있을까?' 그리고 '다른 응찰자와 큰 가격차이 없이 멋지게 받을 수 있을까?' 경매를 하는 분들이라면 누구나 한 번쯤 이런 고민을 안 해본 사람은 없을 것이다.

권리분석은 책과 강의를 통해 배울 수 있지만, 낙찰을 잘 받을 수 있는 방법에 관해서는 누구도 알려주지 않으니, 스스로 열심히 임장을 하고 법원을 다니는 수밖에 없다. 하지만 항상 낙찰과는 거리가 먼 것이 현실이다.

'경매는 부동산의 꽃이다', '경매의 꽃은 명도다'라는 미사여구로 경매를 이야기하지만 정작 낙찰을 받지 못한다면 아무 소용없는 일이다. 학원을 다니는 수강생들을 만나 낙찰의 경험이 있는지를 물어보면 1년 동안 공부했지만 아직 한 번도 낙찰을 받지 못했다는 답을 들을 때가 많다.

지금 눈앞에 마음에 드는 부동산이 있어 낙찰을 받고 싶어도 뜻대로 되지 않는 것이 현실이다. 그래서 경매에도 기술이 필요한 것이다. 임장을 하는 방법과 입찰가격을 산정하는 방법, 경쟁자들의 마음을 읽는 기술이 필요하다. 임장과 부동산 시세를 파악하는 것은 누구나 열심히 하면 가능한 일이지만, 정작 입찰에서 경쟁자를 파악하고 경쟁자들의 입찰가격을 예측하고 입찰가를 정하는 것은 경험과 기술이 필요한 일이다.

이 책은 어떻게 임장을 하는지, 어떻게 경쟁자를 파악하는지, 어떤 방법으로 입찰가격을 책정하는지 그리고 낙찰 후에 사후처리는 어떤 방법으로 해결하는지에 대해서 15년 동안의 경험을 바탕으로 설명할 것이다. 경매로 부동산 투자를 하는 독자들에게 조금이나마 도움이 되었으면 한다.

특히 이 책에 서술한 입찰계산표는 천 번 이상 입찰의 고배를 마시며 만든 입찰에 가장 필요한 툴(Tool)로서 적극적으로 활용한다면 좀 더 빠른 방법으로 낙찰의 기쁨을 맛볼 수 있을 것이라 확신한다.

부동산 투자처럼 정답을 얻기 어려운 일도 없다. 정답은 얻기 어렵겠지만 정확한 길과 방법, 경험의 노하우를 알고 있다면 투자로 성공할 수 있는 시간은 그리 멀지 않을 것이다.

이 책이 나오기까지 많은 도움을 주신 살림출판사 최병윤 부장님, 부동산 차트 연구소의 안동건 대표님, 김국희 님, 입찰계산표를 업그레이드 시켜주신 문지영 님, 굿옥션의 김한석 교수님, 한건희 교수님, 인생의 멘토 최현영 이사님께 감사의 말씀을 전한다. 지금까지 경매를 잘할 수 있도록 도움주신 많은 분들과 가족, 그리고 아들 한샘과 출간의 기쁨을 나누고 싶다.

신수현

contents

프롤로그_ "경매는 심리다" 004

step 1. 경매 마인드 바꾸기

경매는 어렵다　013

경매는 반값에 살 수 있다? 없다?　036

경매는 감정시점이 중요하다　044

step 2. 부동산 시장과 경매 시장 흐름 읽기

부동산 시장 흐름 읽기　053

경매시장 흐름 읽기　060

KB 차트와 굿옥션 경매 낙찰가로 파악하기　063

step 3. 임장 활동 요령 익히기

경매는 달리기가 아니다　087

물건 답사 전에 손품 팔기　090

임장 활동의 목적과 순서　116

step 4. 물건 유형별 조사방법과 타이밍

아파트·오피스텔·다세대 임장 요령　121

상가·주택·토지 임장 요령　140

공장 임장 요령　164

step 5. 낙찰가 산정하기

경매는 숫자의 심리이다 173

낙찰가 사례 179

입찰계산표 활용하기 197

step 6. 낙찰 후 사후처리

경매는 절차법이다(낙찰 후 진행 절차) 209

대금 납부하기 223

점유이전금지 가처분 신청하기 226

step 7. 명도 기법

인도명령 신청하기 243

강제집행 신청하기 256

명도 사례 277

Seven Days Master Series

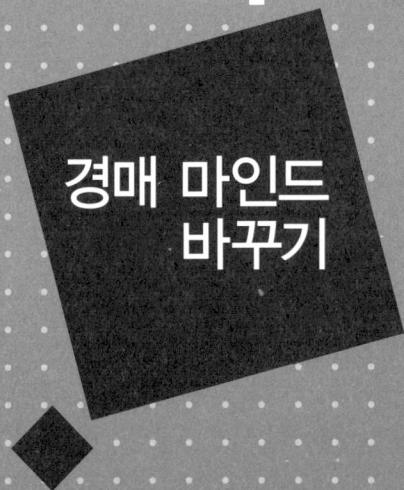

경매는 어렵다

경매를 처음 접하는 대부분의 사람들이 경매는 어렵다는 선입견을 가지고 있다. 경매 물건을 분석할 때 깊이 있게 들어가거나 또는 특수 물건을 응찰한다면 어렵다는 생각을 할 수도 있다.

대부분의 응찰자들이 선택하는 물건은 아파트, 빌라, 상가, 토지, 오피스텔이다. 그런데 어려운 특수물건(유치권, 법정지상권, 예고등기, 선순위 가처분) 등을 연구해야 돈이 된다고 생각하고 경매를 처음 접하는 사람이 시작부터 특수물건 경매에 뛰어들려고 하니 어렵다고 생각할 수밖에 없는 것이다.

그러나 특수물건이 아닌 평범한 물건들 중에서도 돈

이 되는 물건은 많이 있다. 법원 경매를 처음 접하는 사람이라면 쉬운 물건 위주로 응찰하여 충분히 수익을 낼 수 있다는 것을 경험을 통해서 확신한다. 그리고 권리분석을 너무 어렵게 생각하는 경우가 있는데, 일주일만 공부하면 누구나 다 알 수 있을 정도로 간단한 공식이므로 너무 어렵게만 생각할 필요는 없다. 공식대로 한다면 위험한 함정에 빠지는 일은 없을 것이다.

처음부터 너무 큰 욕심을 내면 항상 위험 요소가 있을 수 있으므로 욕심 내지 않고, 매각물건 명세서, 등기부등본, 세대열람만 제대로 읽고 조사할 줄 안다면 권리분석은 어렵지 않다.

1) 초보 응찰 시 피해야 할 물건

초보자들이 피해야 할 물건은 다음과 같다.

첫째, 어려운 특수물건.

둘째, 선순위 가등기, 선순위 가처분, 예고등기, 법정지상권, 유치권, 환매등기 등의 권리가 있는 물건들의 응찰.

물론 선순위 가등기라도 담보 가등기로 법원에 배당요구를 한 것이라면 말소 가능한 가등기이다.

(1) 담보 가등기

굿옥션 [물건요약 : 상도동 둥지빌라 202호 17평 / 토지별도등기있음] 관심물건등록/개인메모

관련물건번호 ▸ 1 낙찰 | 2 낙찰 | 3 낙찰 | 4 낙찰

2005타경7376	물번 1	서울중앙지방법원 본원 > 매각기일 : 2006.04.13 (오전 10:00) >	담당계 : 경매 7계 (☎02-530-1819)
소 재 지	서울특별시 동작구 상도동 363-214, 둥지빌라 2층 202호		

물건종별	다세대(빌라)	감 정 가	125,000,000원
건물면적	56.31㎡(17.034평)	최 저 가	(64%) 80,000,000원
대 지 권	31.06㎡(9.396평)	보 증 금	(10%) 8,000,000원
매각물건	토지·건물 일괄매각	소 유 자	손 ,이 ,이
사건접수	2005-03-09(신법적용)	채 무 자	손 ,이 ,이 , 김
입찰방법	기일입찰	채 권 자	남 춘

[입찰진행내용]

구분	입찰기일	최저매각가격	결과
1차	2006-01-26	125,000,000원	유찰
2차	2006-03-09	100,000,000원	유찰
3차	**2006-04-13**	**80,000,000원**	
낙찰 : **83,060,000원** (66.45%) (입찰2명,낙찰:박 화)			
매각결정기일 : 2006.04.20 - 매각허가결정			
대금납부 2006.05.04 / 배당종결 2006.08.17			

[그림 1-1] **굿옥션 경매물건 검색을 통한 낙찰물건의 상세보기**

임차인현황 · 배당요구종기:2005.07.20 === 채무자(소유자)점유 === 예상배당표

건물등기부		권리종류	권리자	채권최고액	비고	소멸여부
1	2004.10.25	소유권보존	손 모,이 문,이 구		공유자 각 지분의 3분의 1	
2	2004.11.03	공유자전원지분전부이전 청구권가등기	남 춘		매매예약	
3	2004.11.19	가처분	남 춘	담보제공약정에 기한 근저당권설정등기청구권및 대물변제약정에 기한 소유권이전등기청구권		
4	2005.03.30	임의경매	남 춘	청구금액: 400,000,000원	2005타경7376	

[그림 1-2] **굿옥션 경매물건 검색을 통한 낙찰물건의 상세보기**

[그림 1-1], [그림 1-2]에서 남○춘은 선순위 가등기권자로 본 물건은 선순위 가등기가 설정되어 있어 있다. 그런데 경매 신청권자가 남○춘으로 등기상의 가등기는 담보 가등기로 파악되며, 낙찰로 인하여 말소되는 가등기이다.

담보 가등기의 성격이 아닌 선순위 가등기일 경우에는 응찰을 피해야 하며, 가등기권자가 법원에 배당 요구 신청을 했는지와 본 건처럼 경매 신청권자인지를 확인해야

한다.

가등기권자(남○춘)가 임의경매(2005.03.30)를 신청한 것으로 미루어 가등기는 담보 가등기로 보인다.

(2) 선순위 가처분

[물건요약 : 가남면 농지(전) 529.98평 / 도시관리계획상관리지역임] 관심물건등록/개인메모

2005타경6810	수원지방법원 여주지원 > 매각기일 : 2006.05.12 (오전 10:00) >			담당계 : 경매 1계 (☎031-880-7531)		
소 재 지	경기도 여주군 가남면 태평리 506,외 1필지					
물건종별	농지	감 정 가	122,445,000원	[입찰진행내용]		
토지면적	1752㎡(529.98평)	최 저 가	(64%) 78,365,000원	구분	입찰기일	최저매각가격	결과
건물면적		보 증 금	(10%) 7,840,000원	1차	2006-03-03	122,445,000원	유찰
매각물건	토지 매각	소 유 자	장	2차	2006-04-07	97,956,000원	유찰
사건접수	2005-06-18(신법적용)	채 무 자	장		2006-05-12	78,365,000원	
입찰방법	기일입찰	채 권 자	이				

[그림 1-3] 굿옥션 경매물건 검색을 통한 낙찰물건의 상세보기

임차인현황 • 배당요구종기:2005.10.13 === 채무자(소유자)점유

토지등기부	권리종류	권리자	채권최고액 (계:177,452,980)	비고	소멸여부
1 1993.09.02	소유권이전(매매)	조			
2 1995.04.01	가처분	장			
3 1995.04.13	가압류	노			
4 1995.10.02	가압류	(선정당사자)유			
5 1997.01.31	압류	이천세무서			
6 1997.03.27	소유권이전(매매)	장			
7 1997.03.27	근저당	이	110,000,000원		
8 1997.10.23	압류	경기도여주군			
9 1998.09.23	압류	종로세무서			
10 1999.05.10	압류	서울특별시종로구		세무1과13410-876	
11 1999.09.09	가압류	(주)효성	67,452,980원		
12 2001.05.29	압류	서인천세무서			
13 2001.06.05	압류	근로복지공단의정부지사			
14 2002.08.19	압류	고양세무서			
15 2003.08.13	압류	김포시			
16 2004.05.25	압류	여주군			
17 2004.06.09	압류	국민건강보험공단파주지사			
18 2005.07.18	임의경매	이	청구금액: 110,000,000원	2005타경6810	
기타사항	☞태평리 506번지 토지등기내용임				

[그림 1-4] 굿옥션 경매물건 검색을 통한 낙찰물건의 상세보기

가처분이란 당사자간에 현재 다툼이 있는 권리관계 또는 법률관계가 존재하고 그에 대한 확정판결이 있기까지 현재 상태로 진행을 방치한다면 권리자가 현저한 손해를 입거나 목적을 달성하기 어려운 경우에 잠정적으로 임시의 조치를 행하는 보전 제도이다.

경매에서 가처분은 주로 목적부동산에 대해 채무자의 소유권 이전, 저당권, 전세권, 임차권 설정 기타 일체의 처분행위를 금지하는 보전 처분 행위이다. 즉 소유권 다툼이 있을 때 부동산을 다른 사람에게 팔지 못하게 하는 처분 금지 가처분인 것이다.

선순위 가등기처럼 경매물건에 가처분이 설정되어 있으면 말소 기준 권리보다 뒤에 후순위 가처분은 매각되어 말소되게 된다. 하지만 말소 기준 권리보다 앞선 선순위 처분 금지 가처분등기가 되어 있는 물건은 낙찰받아 소유권 이전등기를 마쳤다 하더라도 가처분이 붙은 상태에서 소유권을 취득하게 된다.

이때 가처분 집행의 효력을 상실하지 않고 가처분 채권자가 채무자에 대한 본안 소송에 승소하면 자신 명의의 소유권 이전등기와 낙찰인 명의의 소유권 이전등기 말소를 신청할 수가 있다.

(3) 근저당권 말소 예고등기

예고등기라 하더라도 소유권 말소가 아닌 근저당권 말

굿옥션 [물건요약 : 고잔동 무진제2차연립주택 4동 201호 17평] 관심물건등록/개인메모

2009타경14213	**수원지방법원 안산지원** > 매각기일 : **2010.06.03 (오전 10:30)** >	담당계 : **경매 5계** (☎031-481-1191)
소 재 지	**경기도 안산시 단원구 고잔동 667, 무진제2차연립주택 4동 2층 201호**	

물건종별	**다세대(빌라)**	감 정 가	170,000,000원
건물면적	57.465m²(17.383평)	최 저 가	(80%) 136,000,000원
대 지 권	57.662m²(17.443평)	보 증 금	(10%) 13,600,000원
매각물건	토지 · 건물 일괄매각	소 유 자	고
사건접수	2009-06-15(신법적용)	채 무 자	고
입찰방법	기일입찰	채 권 자	황

[입찰진행내용]			
구분	입찰기일	최저매각가격	결과
	2009-11-05	170,000,000원	변경
1차	2010-04-29	170,000,000원	유찰
2차	**2010-06-03**	**136,000,000원**	
낙찰 : **146,630,000원** (86.25%) (입찰4명,낙찰:이 / 2등입찰가 146,300,000원)			
매각결정기일 : 2010.06.10 - 매각허가결정			

[그림 1-5] **굿옥션 경매물건 검색을 통한 낙찰물건의 상세보기**

임차인현황	· 말소기준권리:2000.07.31 · 배당요구종기:2009.10.07		보증금액 / 사글세 or 월세	대항력 여부	배당예상금액	예상배당표
정	주거용 전부	전 입 일:1993.05.04 확 정 일:1993.06.09 배당요구일:2009.07.27	보31,000,000원	있음	순위배당가능	
임차인분석	☞위 임차인 93년 4월1일 최초 계약시 보증금 2,200만원이며 재계약 6회이며 위 보증금란의 금액은 2005. 5. 2일 작성한 계약서의 금액임 (94. 5.2일자 보증금 2,500만원, 95.5.2일자 보증금 2,700만원 96년6월 보증금 2,700만원, 97.5월 보증금 2,900만원, 2003년 5월 보증금 2,900만원, 2005. 5. 보증금 3,100만원임) ☞차금순 : 93년 계약시 남편인 정 가 임차인 이었으나 97년부터 차 으로 임차인의 계약 당사자가 바뀜 ▶매수인에게 대항할 수 있는 임차인 있으며, 보증금이 전액 변제되지 아니하면 잔액을 매수인이 인수함					

건물등기부		권리종류	권리자	채권최고액 (계:126,866,919)	비고	소멸여부
1	1990.08.22	소유권이전(매매)	고			
2	2000.07.31	근저당	한국자산관리공사	13,000,000원	말소기준등기	소멸
3	2004.04.16	가압류	대우캐피탈(주)	17,770,208원		소멸
4	2005.03.05	근저당	김	15,000,000원		소멸
5	2007.01.30	가압류	황	36,500,000원		소멸
6	2007.11.15	압류	안산시단원구		세무과-19328	소멸
7	2008.11.11	김 근저당권말소예고등기	서울중앙지방법원에 소제기(2007가단199368) 예고등기 사건내역보기			
8	2009.02.05	소유권이전 청구권가등기	김		매매예약	소멸
9	2009.06.12	압류	서초세무서			소멸
10	2009.06.23 (54103)	김 가등기소유권이전청구권가처분	김		사해행위취소에 의한 원상회복청구권	소멸
11	2009.06.23 (54267)	가압류	김	44,596,711원		소멸
12	2009.07.03	강제경매	황	청구금액: 33,621,960원	2009타경14213	소멸
13	2009.09.17	압류	서울특별시 서초구		세무2과-18446	소멸

[그림 1-6] **굿옥션 경매물건 검색을 통한 낙찰물건의 상세보기**

소 예고등기로 경매 신청권자의 저당이 아닌 후순위 저당권 말소에 관한 예고등기라면 낙찰로 인해 말소가 가능한 예고등기이다. 이상의 선순위 가등기, 가처분, 근저당권 말소 예고등기 등은 권리상으로 명확하므로 응찰할 수 있지만 그렇지 않은 권리들이라면 응찰을 피하는 것도 투자의 좋은 방법이기도 하다.

2) 말소기준권리

말소기준권리란 부동산이 낙찰로 인해 처분되었을 경우, 해당 부동산에 존재하는 권리가 낙찰자에게 인수되는지 말소되는지를 결정하는 기준이 되는 권리를 말한다. 또는 등기부상에 가장 우선되는 권리를 말한다.

말소기준권리보다 앞선 권리는 낙찰자에게 인수되고 말소기준권리보다 뒤진 권리는 낙찰로 소멸한다. 경매의 가장 기본은 바로 말소기준권리를 찾아내는 것이라고 할 수 있다.

(1) 말소기준권리를 찾는 방법(등기부)

등기부상에서 가장 우선되는 권리는 다음과 같다.

① 근저당권

② 가압류

③ 소유권이전 청구권 가등기(담보 가등기 - 권리신고, 배당요구한 가등기)

④ 전세권(경매신청권자, 건물의 전체 이용 시)

⑤ 경매개시결정 기입등기

이상의 권리가 등기부의 갑구 또는 을구 중에 있는가를 찾아야 한다. 이상의 권리 중에서 접수일자가 가장 빠른 권리가 있다면 그것이 바로 말소기준권리이다.

[그림 1-7]의 등기부에서 가장 우선되는 권리는 2004

임차인현황	· 말소기준권리 :2004.05.12 · 배당요구종기 :2009.11.30		보증금액 / 차글세 or 월세	대항력 여부	배당예상금액	예상배당표
김	주거용 301호	전 입 일:2008.12.05 확 정 일:미상 배당요구일:2009.10.26	보20,000,000원	없음	소액임차인	
이	주거용 301호 (방1칸)	전 입 일:2007.12.18 확 정 일:없음 배당요구일:2009.11.26	보30,000,000원	없음	소액임차인	
기타참고	임차인수: 2명 , 임차보증금합계: 50,000,000원 ☞ 조사외소유자점유/☞ 2회 방문하였으나 폐문부재이고, 방문한 취지 및 연락처를 남겼으나 아무런 연락이 없으므로 주민등록 전입된 세대만 임차인으로 보고함					

건물등기부	접수일자	권리종류	권리자	채권최고액 (계:765,686,599)	비고	소멸여부
1	2004.04.07	소유권보존	한			
2	2004.05.12	근저당	한국자산관리공사	360,000,000원	말소기준등기	소멸
3	2004.08.02	가압류	한	48,100,000원		소멸
4	2005.06.09	근저당	한국자산관리공사	60,000,000원		소멸
5	2006.10.27	근저당	김	255,000,000원		소멸
6	2006.11.06	소유권이전 청구권가등기	김		매매예약	소멸
7	2008.04.16	가압류	현대캐피탈(주)	15,337,278원		소멸
8	2009.02.19	압류	국민건강보험공단			소멸
9	2009.05.14	압류	서울특별시강남구		세무1과-7136	소멸
10	2009.07.13	임의경매	한국자산관리공사	청구금액: 401,997,482원	2009타경26955	소멸
11	2009.07.16	임의경매	김	청구금액: 220,000,000원	2009타경27620	소멸
12	2009.10.07	가압류	현대캐피탈(주)	27,249,321원		소멸

[그림 1-7] **굿옥션 경매물건 검색을 통한 낙찰물건의 상세보기**

년 5월 12일에 접수된 한국자산관리공사의 근저당권이며 이것이 말소기준권리이다.

이 기준권리를 임차인들의 전입일자와 비교하여 대항력의 여부를 확인할 수 있다. 임차인의 전입일자가 등기부상의 기준권리보다 빠르다면 낙찰자는 임차인의 미배당금을 인수한다. 그러나 임차인의 전입일자가 등기부상의 기준권리보다 늦다면 임차인은 대항력도 없고 낙찰로 권리가 없어진다.

(2) 말소기준권리를 찾는 방법(매각물건명세서)

등기부상의 기준권리를 찾기 어렵거나 등기부 등본 자료가 없을 때에는 매각물건명세서를 참조하면 기준권리를 찾을 수 있다. 이 경우에는 매각물건명세서의 오른쪽 위에 있는 최선순위 설정일자가 기준권리가 된다. 매각물건명세서는 법원에서 경매 계장이 작성하므로 만일 착오가 발생한다 하더라도 매각불허가 결정을 받을 수 있는 자료가 되기도 한다.

인터넷상에서 매각물건명세서를 확인하는 방법은 굿옥션에서 해당 물건을 검색한 후, 해당 물건의 '상세보기' 창에서 오른쪽 관련 자료 목록의 '매각물건명세서'를 클릭해 확인할 수 있다. 그 외에도 등기부 등본 열람, 세대 열람 내역, 전자지도 보기 등을 통해 물건의 관련 자료들을 참고할 수 있다.

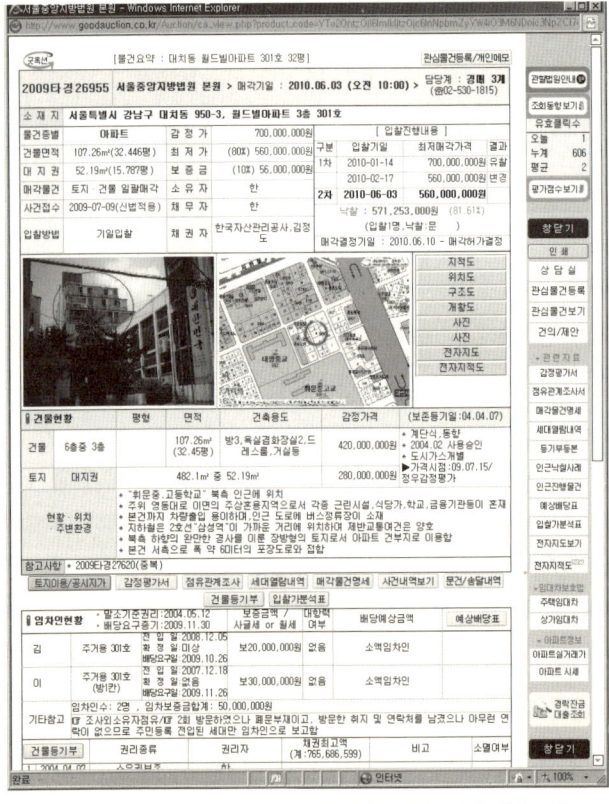

[그림 1-8] 굿옥션 경매물건 검색을 통한 낙찰물건의 상세보기

step 1. 경매 마인드 바꾸기

[그림 1-9] 굿옥션 경매물건 검색을 통한 낙찰물건의 매각물건명세서

3) 주택임대차보호법상의 대항력과 우선변제권

(1) 대항력

'대항력'의 사전적 의미는 "당사자 사이에서 효력이 있는 권리관계를 제3자에 대하여 주장할 수 있는 법적 효력"이다. 즉 당사자 사이(임대인과 임차인)에서 효력이 있는 권리관계(전세계약 혹은 임대차계약)를 제3자(타인)에 대하여 주장할 수 있는 법적 효력(법으로 보호하는 장치)이 대

항력이다. 이처럼 주택임대차보호법은 최소한의 조건을 구비한 경우에만 법에서 보호를 해주는데 그 조건이 바로 '대항력'이다.

다음의 사항은 대항력에 관련하여 반드시 알아둬야 할 내용들이다.

① 임대차는 등기가 없어도 임차인이 주택의 인도와 주민등록을 마친 때에는 그 '익일(다음날) 오전 0시부터' 제3자(등기상의 최우선권리)에 대하여 효력이 생긴다.

    임차인의 전입일자가 등기상의 기준권리보다 전입일자가 빠르다면 대항력이 있고, 기준권리보다 전입일자가 늦다면 대항력이 없는 것이다.

    그래서 권리분석은 등기부상의 권리와 임차인과의 관계를 설명한다고 말할 수 있다.

② 자기 명의로 소유권 이전등기를 완료하고 주민등록 전입신고까지 마친 후 그 주택에 거주하던 사람이 그 주택을 팔고 동시에 그 주택을 산 사람으로부터 다시 임차하여 임차인의 자격으로 그 주택에 거주하는 경우도 있다. 이럴 경우에는 그 주택을 판 사

람의 주민등록은 그 주택을 산 사람 명의의 소유권 이전등기가 완료된 이후에야 비로소 매도인과 매수인 사이의 임대차 관계가 발생한다. 따라서 이때에는 주택을 판 사람이 임차인으로서 가지는 대항력은 '매수인 명의의 소유권 이전등기가 완료된 다음 날'부터 효력이 발생한다.

전 소유자의 대항력 발생 시점은 전 소유자가 새로운 소유자에게 부동산을 매매한 뒤 새로운 소유자가 소유권 이전등기를 마친 다음날부터 대항력이 발생한다.

만일 새로운 소유자가 소유권 이전 시에 대출을 받았다면 전 소유자는 대항력을 상실할 수 있다.

③ 주택 임차인의 대항력은 전출 당시 이미 대항 요건의 상실로 소멸되고, 그 후 그 임차인이 얼마 있지 않아 다시 원래의 주소지로 주민등록을 재전입하였다 하더라도 이로써 소멸되었던 대항력이 당초에 소급하여 회복되는 것이 아니라 재전입한 때부터 그와는 동일성이 없는 새로운 대항력이 재차 발생한다.

④ 대항요건은 대항력을 취득할 때에만 갖추고 있으면 되는 것이 아니고 그 대항력을 유지하기 위해서도

배당요구의 마지막 기한인 경락기일까지 계속 존속하고 있어야 한다. 일시적으로라도 다른 곳으로 주민등록을 이전하였다면 전출 당시의 대항요건을 상실한다.

(2) 우선변제권

① 주택임대차보호법

우선변제권이란 임차주택이 경매 또는 공매 절차를 통해 환가(換價; 부동산을 현금으로 바꿈)되는 경우에 임차인이 경락대금에서 보증금 중 일정액을 모든 권리자에 최우선하여 변제(辨濟; 빚을 갚음)받을 수 있는 권리이다. 우선변제권을 알기 위해서는 먼저 주택임대차보호법에 관하여 알아야 한다.

임대보증금이 소액인 경우(2010년 6월 현재: 수도권 과밀억제권역은 6,000만 원, 인천을 제외한 광역시는 5,000만 원, 기타 지역은 4,000만 원 이하) 임차주택이 경매되더라도 임차주택(대지 포함) 가액의 2분의 1의 범위 안에서 일정금액(수도권 2,000만 원, 인천을 제외한 광역시는 1,700만 원, 기타지역은 1,400만 원)까지는 후순위 담보권자 및 일반채권자뿐만 아니라 선순위 담보권자보다도 우선하여 변제

받을 수 있다(민법 8조). 다만 소액임차인이 우선변제를 받기 위해서는 임차주택에 대하여 경매개시결정 전에 입주 및 주민등록 전입신고가 되어 있어야 보호를 받을 수 있다.

주택소액임차인 최우선 변제금 (주택임대차보호법 시행령 제4조)

담보물권설정일	지 역	보증금 범위	최우선변제액
84. 6. 14 ~ 87. 11. 30	특별시, 직할시	300만원 이하	300만원 까지
	기타지역	200만원 이하	200만원 까지
87. 12. 1 ~ 90. 2. 18	특별시, 직할시	500만원 이하	500만원 까지
	기타지역	400만원 이하	400만원 까지
90. 2. 19 ~ 95. 10. 18	특별시, 직할시	2,000만원 이하	700만원 까지
	기타지역	1,500만원 이하	500만원 까지
95. 10. 19 ~ 01. 9. 14	특별시, 광역시(군지역 제외)	3,000만원 이하	1,200만원 까지
	기타지역	2,000만원 이하	800만원 까지
2001. 9. 15 ~ 08. 8. 20	수도정비계획법 중 과밀억제권역	4,000만원 이하	1,600만원 까지
	광역시(군지역과 인천광역시지역 제외)	3,500만원 이하	1,400만원 까지
	기타지역	3,000만원 이하	1,200만원 까지
2008. 8. 21 ~	수도정비계획법 중 과밀억제권역	6,000만원 이하	2,000만원 까지
	광역시(군지역과 인천광역시지역 제외)	5,000만원 이하	1,700만원 까지
	기타지역	4,000만원 이하	1,400만원 까지

수도정비계획법 중 과밀억제권역 (담보물건설정일:2009.1.15이전)

* 서울특별시, 의정부시, 구리시, 하남시, 고양시, 수원시, 성남시, 안양시, 부천시, 광명시, 과천시, 의왕시, 군포시, 시흥시(반월특수지역 제외), 남양주시(호평동, 평내동, 금곡동, 일패동, 이패동, 삼패동, 가운동, 수석동, 지금동 및 도농동에 한한다.), 인천광역시(강화군, 옹진군, 중구 운남동, 중구 운북동, 중구 운서동, 중구 중산동, 중구 덕교동, 중구 을왕동, 중구 무의동, 서구 대곡동, 서구 불로동, 서구 마전동, 서구 금곡동, 서구 오류동, 서구 왕길동, 서구 당하동, 서구 원당동, 연수구 송도매립지(인천광역시장이 송도신시가지 조성을 위하여 1990년 11월 12일 송도 앞 공유수면매립공사면허를 받은 지역을 말한다) 및 남동국가산업단지를 제외)

수도정비계획법 중 과밀억제권역 (담보물건설정일:2009.1.16이후)

* 서울특별시, 의정부시, 구리시, 하남시, 고양시, 수원시, 성남시, 안양시, 부천시, 광명시, 과천시, 의왕시, 군포시, 시흥시(반월특수지역 제외), 남양주시(호평동, 평내동, 금곡동, 일패동, 이패동, 삼패동, 가운동, 수석동, 지금동 및 도농동에 한한다.) 인천광역시(강화군, 옹진군, 서구 대곡동, 서구 불로동, 서구 마전동, 서구 금곡동, 서구 오류동, 서구 왕길동, 서구 당하동, 서구 원당동, 인천경제자유구역 및 남동국가산업단지를 제외)

[그림 1-10] **주택소액임차인 최우선 변제금**

② 상가임대차보호법

상가임대차보호법은 2002년 11월 1일 시행되었으며 등기부상의 기준권리가 2002년 11월 1일 이전이라면 보호대상이 아니다. 상가임대차보호법의 적용범위는 다음과 같다.

가) 경매개시결정 등기일 이전에 사업자등록과 건물의 인도가 있어야 한다.
나) 환산보증금이 지역별로 일정액 이하이어야 한다. 즉 서울특별시는 2억 6,000만 원 이하, 과밀억제권역은 2억 1,000만 원 이하, 광역시는 보증금이 1억 6,000만 원 이하, 기타 시군은 1억 5,000만 원 이하라야 동법의 적용을 받을 수 있다. 따라서 이 금액을 초과한다면 상가임대차보호법의 적용을 받을 수 없는 임차인이므로 사업자등록과 확정일자가 있더라도 배당금이 없다. 즉 이런 임차인은 전세권설정을 하는 수밖에 없으며, 다른 보호방법이 없다.(2008. 8. 21 기준)

환산보증금이란 실제 보증금에 (월세 × 100)를 더한 금액을 말한다.
예) 보증금 1,000만 원과 월세 50만 원으로 세든 상가 임차인은 1,000만 원 + (50만 원 × 100) = 6,000

═══ 상가건물임대차보호법 적용대상 및 우선변제권의 범위 ═══

상가건물의 모든 임차인에 대하여 적용 되는것이 아니라 환산보증금(보증금+월세환산액)이 해당 지역별로 다음 금액이하인 경우에만 적용된다. (월세환산액 : 월세 X 100)

담보물권설정일	지 역	보호법 적용대상	보증금의 범위(이하)	최우선변제액
2002. 11. 1 ~ 2008. 8. 20	서울특별시	2억 4천만원 이하	4,500만원	1,350만원 까지
	과밀억제권역 (서울특별시 제외)	1억 9천만원 이하	3,900만원	1,170만원 까지
	광역시 (군지역 및 인천광역시 제외)	1억 5천만원 이하	3,000만원	900만원 까지
	기타지역	1억 4천만원 이하	2,500만원	750만원 까지
2008. 8. 21 ~	서울특별시	2억 6천만원 이하	4,500만원	1,350만원 까지
	과밀억제권역 (서울특별시 제외)	2억 1천만원 이하	3,900만원	1,170만원 까지
	광역시 (군지역 및 인천광역시 제외)	1억 6천만원 이하	3,000만원	900만원 까지
	기타지역	1억 5천만원 이하	2,500만원	750만원 까지

═══ 수도정비계획법 중 과밀억제권역 (담보물건설정일:2009.1.15이전) ═══

• 서울특별시, 의정부시, 구리시, 하남시, 고양시, 수원시, 성남시, 안양시, 부천시, 광명시, 과천시, 의왕시, 군포시, 시흥시(반월특수지역 제외), 남양주시(호평동, 평내동, 금곡동, 일패동, 이패동, 삼패동, 가운동, 수석동, 지금동 및 도농동에 한한다.), 인천광역시(강화군, 옹진군, 중구 운남동, 중구 운북동, 중구 운서동, 중구 중산동, 중구 남북동, 중구 덕교동, 중구 을왕동, 중구 무의동, 서구 대곡동, 서구 불로동, 서구 마전동, 서구 금곡동, 서구 오류동, 서구 왕길동, 서구 당하동, 서구 원당동, 연수구 송도매립지(인천광역시장이 송도신시가지 조성을 위하여 1990년 11월 12일 송도 앞 공유수면매립공사면허를 받은 지역을 말한다) 및 남동국가산업단지를 제외)

═══ 수도정비계획법 중 과밀억제권역 (담보물건설정일:2009.1.16이후) ═══

• 서울특별시, 의정부시, 구리시, 하남시, 고양시, 수원시, 성남시, 안양시, 부천시, 광명시, 과천시, 의왕시, 군포시, 시흥시(반월특수지역 제외), 남양주시(호평동, 평내동, 금곡동, 일패동, 이패동, 삼패동, 가운동, 수석동, 지금동 및 도농동에 한한다.) 인천광역시(강화군, 옹진군, 서구 대곡동, 서구 불로동, 서구 마전동, 서구 금곡동, 서구 오류동, 서구 왕길동, 서구 당하동, 서구 원당동, 인천경제자유구역 및 남동국가산업단지를 제외)

[그림 1-11] **상가건물임대차보호법 적용대상및 우선 변제권의 범위**

만 원이 환산보증금이다.

환산보증금이 다음과 같이 일정액 이하인 영세임차인 (소액임차인)은 선순위 채권자보다 우선하여 받을 수 있는 소액임차인 최우선배당금이 있다.

• 서울특별시: 보증금 4,500만 원 이하 ~ 1,350만 원 까지 최우선 배당

• 과밀억제권역: 보증금 3,900만 원 이하 ~ 1,170만

원까지 최우선 배당
- 광역시: 보증금 3,000만 원 이하 ~ 900만 원까지 최우선 배당
- 기타지역: 보증금 2,500만 원 이하 ~ 750만 원까지 최우선 배당

※ 최우선배당금은 경매가액(배당할 금액)의 3분의 1 금액을 초과할 수 없다. 확정일자가 있는 상가임차인은 후순위권리자, 기타 채권자보다 우선하여 순위에 의하여 배당을 받을 수 있다.

※ 임차인이 소액임차인에 해당할 경우는 최우선배당금과 순위배당금을 모두 받을 수 있다.

4) 권리분석의 공식

권리분석은 공식이다. 따라서 3가지 공식만 숙지하고 있다면 대부분의 경매물건의 권리분석을 읽을 수 있다. 만일 임차인이 대항력 없는 후순위 임차인이라면 권리분석보다는 임차인이 우선변제 대상인지를 먼저 검토해보는 것이 좋다.

또 토지라면 권리분석보다는 논밭일 경우 농지취득자

격증명원(농취증)을 받을 수 있는지, 지적도상에 도로가 접해 있는지, 평당 시세가 얼마인지가 중요하다.

그런데 많은 사람이 토지나 임차인이 후순위인 물건을 대상으로 권리분석에 시간을 할애하고 있다. 하지만 그보다 중요한 것은 임차인이 대항력이 있을 경우에 발생할 낙찰자 인수 여부이다.

* 대항력 있는 임차인의 경우(기준권리보다 빠른 임차인)
① 전입일자 + 확정일자 + 배당요구 = 전액배당 또는 미배당 인수

임차인현황	· 말소기준권리:2005.03.31 · 배당요구종기:2007.11.28		보증금액 / 사글세 or 월세	대항력 여부	배당예상금액		예상배당표
선	주거용 전부	전 입 일:2004.11.29 확 정 일:2004.11.30 보130,000,000원 배당요구일:2007.11.16		있음			현황조사서상 확:2004.11.29
기타참고	☞주민등록 전입자 문 은 임차인 선 의 지인으로 주소를 옮겨 놓고 일시 거주하고 있으나 별도의 임대차 관계는 없다 합.(선 진술)						
건물등기부		권리종류	권리자		채권최고액 (계:1,675,500,000)	비고	소멸여부
1	2004.08.12	소유권보존	김 ,최			각 지분1/2	소멸
2	2005.03.31	근저당	중소기업은행 (작전역지점)		840,000,000원	말소기준등기	소멸
3	2005.12.29	최영인지분압류	금천세무서				소멸
4	2006.07.10	근저당	보해상호저축은행		780,000,000원		소멸
5	2007.04.23	압류	서울특별시관악구청			세무1과-359	소멸
6	2007.09.07	가압류	전 ,전		55,500,000원		소멸
7	2007.09.19	임의경매	중소기업은행		청구금액: 125,000,000원	2007타경27701	소멸

[그림 1-12] **권리분석 공식을 위한 등기부 현황**

[그림 1-12]의 임차인은 등기부상의 기준권리인 2005년 3월 31일의 중소기업 근저당권보다 빠른 2004년 11월 29일에 전입 및 확정일자를 받았다.

소액임차인에는 해당되지 않지만 전입이 빠르고, 확정일자가 있고 배당요구 종기일 이전에 배당요구를 하였으므로 전액 배당을 받을 수 있다.

이런 물건은 임차인이 전액배당을 받으므로 낙찰자의 입장에서 가장 쉬운 물건이라 볼 수 있다. 법원 경매에 나오는 물건 중에 대부분이 이런 유형의 물건이다.

② 전입일자 + 확정일자 없음 + 배당요구 = 미배당 인수 또는 전액인수

임차인현황	• 말소기준권리:1996.10.08 • 배당요구종기:2007.04.09		보증금액 / 사글세 or 월세	대항력 여부	배당예상금액	예상배당표
김	주거용 전부	전 입 일:1996.07.16 확 정 일:미상 배당요구일:2007.01.29	보200,000,000원	있음	전액낙찰자인수	
기타참고	▶주민등록상 김 (전입:2001.09.29) 전입되어 있으나, 임차관계 및 점유는 불명임					

건물등기부		권리종류	권리자	채권최고액 (계:307,624,985)	비고	소멸여부
1	1996.10.08 (53183)	소유권이전(매매)	장			소멸
2	1996.10.08 (53184)	근저당	세양정보통신(주)	240,000,000원	말소기준등기	소멸
3	1997.11.18	가압류	농협중앙회	9,004,705원		소멸
4	2003.03.10	가압류	서울보증보험(주)	58,620,280원		소멸
5	2004.08.06	압류	서울특별시서초구		세무1과-12781	소멸
6	2006.12.28	강제경매	서울보증보험(주)	청구금액: 27,756,020원	2006타경44327	소멸
등기부 분석		낙매각으로 전부소멸되며 인수되는 등기부상 권리 없음				

[그림 1-13] **권리분석 공식을 위한 등기부 현황**

[그림 1-13]의 임차인은 등기부상의 기준권리인 1996년 10월 8일의 근저당보다 빠른 1996년 7월 16일에 전입신고가 되어 있는 대항력 있는 임차인이다.

문제는 임차인의 전입일자는 빠르나 확정일자가 없기

때문에 낙찰자가 인수할 수 있는 문제가 발생한다.

'확정일자'란 그 날짜 현재에 임대차(전월세)계약서가 존재하고 있다는 사실을 증명하기 위하여 국가기관 등이 임대차계약서의 여백에 기부(記簿)번호를 기입하고 '확정일자인'을 찍어주는 것을 말한다.

즉 주택임대차보호법에서 규정하고 있는 '확정일자'는 채권의 성격을 가진 주택 임차인의 '보증금'을 그 임대차계약서에 '확정일자'를 날인받아 놓음으로써 확정일자를 받은 그 날짜로부터 '물권적' 힘을 부여하여(채권의 물권화) 배당에서 순위 능력을 부여받게 하는 것이다.

따라서 채권은 법률상 순위 능력이 없어서 '채권자 공평주의'가 적용되는 반면에, 확정일자를 부여받은 임차인의 보증금은 마치 물권처럼 배당 시에 다른 담보권자와의 관계에서 순위배당에 참가하여 후순위 물권자들보다 먼저 자신의 임대차 보증금을 받을 수 있게 되는 것이다.

배당(우선)순위는 대항요건(거주점유 + 주민등록전입 + 계약서상 전세금액) 및 확정일자를 모두 구비한 최종시점과 담보권설정등기 시점을 기준으로 판단하게 된다.

[그림 1-13]의 임차인은 확정일자가 없으므로 순위배당을 받을 수 없으며, 우선변제를 받을 수 있는 대상이

아니어서 낙찰자의 인수금액을 미리 알 수가 없으므로 입찰 시 신중을 기해야 하는 물건이다.

만일 임차인의 확정일자가 등기부상의 기준권리보다 늦은 1997년 3월 30일이라면 임차인은 확정일자에 준해 1순위 근저당권 다음으로 배당을 받을 수 있다.

낙찰가가 낮다면 임차인이 배당받지 못한 미배당금은 낙찰자가 인수한다.

③ 전입일자 + 확정일자 + 배당요구 없음 = 전액인수

임차인현황	· 말소기준권리 : 2004.12.08 · 배당요구종기 : 2007.04.07		보증금액 / 사글세 or 월세	대항력 여부	배당예상금액	예상배당표
김진부	주거용 전부	전 입 일 : 2004.12.01 확 정 일 : 2004.12.03 배당요구일 : 없음	보증38,000,000원	있음	전액낙찰자인수	
기타참고	▶부동산 현황조사보고서에 의하면 대항력 여지있는 임차인 있으며, 임차인이 배당요구 하지 않았으므로 만약 대항력이 있다면, 낙찰인이 임대차 보증금를 인수해야함(38,000,000원) ⓢ 현장조사보고서					
건물등기부	권리종류	권리자	채권최고액 (계 : 36,827,290)		비고	소멸여부
1 1999.06.04	소유권이전(매각)	윤			98타경14091	소멸
2 2004.12.08	근저당	우리은행 (구미공단지점)	24,000,000원		말소기준등기	소멸
3 2005.06.13	가압류	우리은행	12,827,290원			소멸
4 2006.01.10	압류	국민건강보험공단				소멸
5 2007.02.08	임의경매	우리은행	청구금액 : 16,526,920원		2007타경988	소멸
등기부 분석	☞매각으로 전부소멸되며 인수되는 등기부상 권리 없음					

[그림 1-14] **권리분석 공식을 위한 등기부 현황**

[그림 1-14]의 임차인은 등기부상의 기준권리인 2004년 12월 8일의 우리은행 근저당보다 빠른 2004년 12월 1일에 전입신고가 되어 있어 대항력이 있는 임차인이다.

임차인은 확정일자는 있으나 배당요구를 하지 않아 법

원으로부터 배당을 받을 수 없으나 임차인은 대항력이 있어 낙찰자에게 인수조건이 된다.

만일 임차인이 배당요구를 하였다 하더라도 배당요구 종기일 이후라면 마찬가지로 배당을 받을 수 없으므로 낙찰자가 인수하게 된다.

필자의 경험에 의한다면 권리분석에 있어서 위에서 소개한 3건의 공식 외에 다른 유형은 없었다.

두 번째의 공식에서 임차인이 전입일자는 빠르지만 확정일자가 없거나, 또는 기준권리보다 느리고, 배당요구를 한 경우에 배당에 관하여 계산하여 응찰한다면 그리 어려운 권리분석은 없을 것이다.

경매는 반값에 살 수 있다? 없다?

 부동산 경매시장에는 전국적으로 많은 종류의 물건들이 있다. 아파트, 빌라, 주택, 토지, 상가, 오피스텔, 공장 등 수많은 물건들은 부동산 가격이 오르는 지역의 물건과 관심 외 지역의 물건으로 나눌 수 있다. 그리고 권리관계가 복잡한 물건과 지역이 있다.

 이렇듯 수많은 물건 중에서 어떤 물건에 입찰할 것인가에 따라서 반값에도 낙찰 받을 수 있는 물건이 있는가 하면 호재로 인해 낙찰가가 100% 이상 상회하는 물건들도 있다.

 반값에 살 수 있다는 말과 없다는 말, 둘 다 맞는 말이 될 수 있지만 무엇보다 중요한 것은 어떤 물건에 응찰하

든지 집중이 필요하다는 것이다.

다음에서 반값과 감정가를 넘긴 물건의 사례를 보자.

1) 반값에 낙찰 받은 사례

2006타경62739		인천지방법원 본원 > 매각기일 : 2009.07.03 (오전 10:00) >		담당계 : 경매 3계 (☎032-860-1603)		
소 재 지	인천광역시 서구 원당동 원당지구 71블럭3롯트, 연세크리닉 상가 1층 103호,104호					
물건종별	근린상가	감 정 가	870,000,000원	[입찰진행내용]		
건물면적	100.89㎡(30.519평)	최 저 가	(34%) 298,410,000원	구분	입찰기일	최저매각가격	결과
대 지 권	66.04㎡(19.977평)	보 증 금	(10%) 29,850,000원	1차	2007-02-28	870,000,000원	변경
					2009-04-03	870,000,000원	유찰
매각물건	토지 건물 일괄매각	소 유 자	블루산업개발(주)	2차	2009-05-04	609,000,000원	유찰
				3차	2009-06-03	426,300,000원	유찰
사건접수	2006-07-13(신법적용)	채 무 자	김	4차	2009-07-03	298,410,000원	
입찰방법	기일입찰	채 권 자	상주축협	낙찰 : 378,790,000원 (43.54%) (입찰3명,낙찰: / 2등입찰가 347,000,000원) 매각결정기일 : 2009.07.10 - 매각허가결정 대금납부 2009.08.06 / 배당기일 2009.09.07			
◉ 건물현황		평형	면적	건축용도	감정가격	(보존등기일:05.12.23)
1	원당동 원당지구 71블럭3롯트		54.69㎡ (16.54평)	상호 갈비	135,000,000원	◆ 103호
2	원당동 원당지구 71블럭3롯트		46.2㎡ (13.98평)	상호 갈비	294,000,000원	◆ 104호
◉ 토지현황		대지권의 목적인 대지			감정가격	▶가격시점 :06.07.22/ 종일감정평가
1	원당동 원당지구 71블럭3롯트	임야	1521㎡ 중 35.8㎡		315,000,000원	◆ 103호
2	원당동 원당지구 71블럭3롯트	임야	1521㎡ 중 30.24㎡		126,000,000원	◆ 104호
◉ 임차인현황		▪말소기준권리:2005.12.23 ▪배당요구종기:2007.01.08	보증금액 / 사글세 or 월세	대항력 여부	배당예상금액	예상배당표
배광석	점포 전부	사업자등록 2006.06.21 확 정 일: 미상 배당요구일: 2006.07.28	보50,000,000원 월3,410,000원	없음	배당금 없음	◀환산보증금: 39,100만원

[그림 1-15] **물건 내역**

[그림 1-15] 물건은 2009년 7월에 인천법원에서 진행된 상가물건으로 광일종합건설로부터 17억 원의 유치권 신고가 법원에 접수되어 응찰자들이 기피하는 물건이다.

그러나 매각물건명세서의 비고란에 서울고등법원 2008나4263 유치권 부존재확인의 조정에 갈음하는 결정조서(유치권 부존재)가 있음을 확인하였다. 즉, 유치권이 존재하지 않음을 확인하였다.

건물등기부	권리종류	권리자	채권최고액 (계:6,231,563,442)	비고	소멸여부
1	2005.12.23	소유권보존	블루산업개발(주)		
2	2005.12.23	근저당	상주축협	340,000,000원	말소기준등기	소멸
3	2005.12.29	근저당	블루산업개발(주)	540,000,000원		소멸
4	2006.01.09	가압류	윤	130,000,000원		소멸
5	2006.01.19	가압류	차	630,000,000원		소멸
6	2006.01.31	가압류	(주)태동건설	1,314,788,100원		소멸
7	2006.02.27	가압류	한,손	501,000,000원		소멸
8	2006.03.02	근저당	블루산업개발(주)	1,000,000,000원		소멸
9	2006.03.31	가압류	정	300,000,000원		소멸
10	2006.04.21	가압류	한	70,000,000원		소멸
11	2006.05.18	가압류	신한국상호저축은행	1,000,000,000원		소멸
12	2006.06.07	가압류	부행제일산협	405,775,342원		소멸
13	2006.07.21	임의경매	상주축협	청구금액: 257,000,000원	2006타경62739	소멸
14	2006.11.14	압류	인천광역시서구			소멸
기타사항	☞ 제103호 집합건물등기부상				
주의 사항	☞유치권신고 있음-2006.11.17. 유치권 신고서(광일종합건설, 신고액:1,715,950,000원)가 접수되었으나, 서울고등법원 2008나4263호 유치권부존재확인의 조정에 갈음하는 결정조서(유치권 부존재)로 종결되었음 ☞관련사건내역:수원지방법원 2007가합4441 민사본안				

[그림 1-16] **유치권 신고내역**

매각물건 명세서				🖨 인쇄
사건	2006타경62739 부동산임의경매 2006타경62746(병합)	매각물건번호	1	담임법관(사법보좌관)
작성일자	2009.03.20	최선순위 설정일자	2005.12.23 근저당권	
부동산 및 감정평가액 최저매각가격의 표시	부동산표시목록 참조	배당요구종기	2007.01.08	

[그림 1-17] **매각물건명세서**

※ 비고란

배당요구종기 2007.1.9 2006.11.17. 유치권 신고서(광일종합건설, 신고액:1,715,950,000원)가 접수되었으나, 서울고등법원 2008나4263호 유치권부존재확인의 조정에 갈음하는 결정조서(유치권 부존재)로 종결되었음.

[그림 1-18] **매각물건명세서 유치권 신고내역**

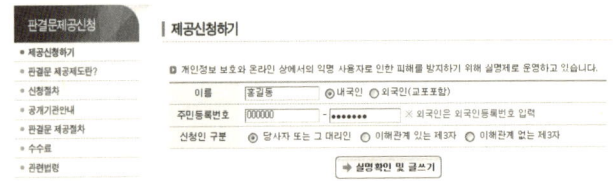

[그림 1-19] **판결문 제공 신청**

step 1. 경매 마인드 바꾸기

제공신청하기

접수번호	3181 번		
제목	판결문제공부탁합니다.		
작성일	2010.06.03	조회	1
내용	1	서울고법 2008 나 4263	접수

[그림 1-20] **판결문 신청 접수**

이때는 유치권 부존재에 관한 판결문을 확인하기 위해 대법원(www.scourt.go.kr)에서 판결문 제공 신청을 한다.

판결문 제공 신청 후 2~3일 뒤에 법원으로부터 SMS 문자로 요금납부명령을 받으면 납부한다. 그러고 나서 법원에 전화해 납부 사실을 알리면 메일로 결정문을 받아 볼 수 있다.

이런 결정문을 바탕으로 유치권이 존재하지 않음을 확인한 후에 응찰했다.

유치권 물건이라도 이렇게 대법원의 정보를 확인한다면 경쟁 없이 좋은 가격에 낙찰 받을 수 있을 것이다.

| 접수일자 | 2010년 06월 03일 | 접수번호 | 3181 번 |

사건번호 1. 서울고법 2008 나 4263

덧붙임(판결문) 서울고법_08나4263.pdf

전자우편 등을 통한 판결문 제공에 관한 예규 제6조의 규정에 의하여 귀하께서 신청하신 판결문을 덧붙임과 같이 송부하여 드리며, 궁금하신 사항은 담당자에게 문의하여 주시면 자세히 설명하여 드리겠습니다.

2010년 06월 09일

고등민사2과

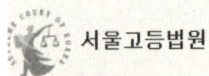 서울고등법원

137-735
서울특별시 서초구 우면로 100
전화 : 02-530-2098   전송 : --
서울고등법원_민사2과 신소연

[그림 1-21] **판결문 제공 신청**

판결문 제공 신청 후에 고등법원 계좌에 해당 판결문의 금액을 입금하면 판결문을 메일을 통하여 확인할 수 있다.

서울고등법원

제 13 민 사 부

조정에 갈음하는 결정조서

사　건　2008나4263　유치권부존재확인
[제1심 사건:　수원지방법원 2007. 11. 23. 선고 2007가합4540 판결]

다. 피고가 위 나항 기재 사항을 모두 이행하지 아니하면, 위 가항 기재 각 부동산에 대한 유치권의 행사를 포기하고, 그 점유를 모두 해제한다.

2. 원고의 나머지 청구는 포기한다.

3. 소송 총비용 및 조정비용은 각자 부담한다.

[그림 1-22] **판결문**

step 1. 경매 마인드 바꾸기

2) 감정가를 넘겨 낙찰 받은 사례

[그림 1-23] **물건 내역**

[그림 1-23]의 물건은 감정가를 넘겨 낙찰 받은 사례이다. 경매를 처음 접하는 사람이라면 2009년 4월 6일에

조용히 낙찰 받지 왜 5월에 와서 감정가를 넘기냐며 반문할지 모르겠다.

2009년 4월 당시의 시세는 4억 8,000만 원으로 신건에 낙찰 받기에는 시세보다 비싼 가격이지만, 5월로 접어들면서 제2롯데월드 관련 발표로 인근의 아파트 매물이 줄어들고 가격이 5억 2,000만 원으로 상승했다.

아래 시세정보로 비교해보자.

구 분	미성 ㎡			
	매 매	변동액	전 세	변동액
2010.05.26	58,000	0	14,500	0
2009.07.22	56,500	▲500	13,250	0
2009.07.15	56,000	▲500	13,250	0
2009.07.08	55,500	▲500	13,250	0
2009.07.01	55,000	▲500	13,250	0
2009.06.24	54,500	▲2,750	13,250	▲250
2009.06.17	51,750	▲1,250	13,000	▲500
2009.06.10	50,500	▲250	12,500	0
2009.06.03	50,250	0	12,500	0
2009.05.27	50,250	0	12,500	0
2009.05.20	50,250	0	12,500	0
2009.05.13	50,250	▲250	12,500	0
2009.05.06	50,000	▲500	12,500	0
2009.04.29	49,500	0	12,500	0
2009.04.22	49,500	▲500	12,500	0
2009.04.15	49,000	▲500	12,500	▲250
2009.04.08	48,500	0	12,250	0
2009.04.01	48,500	▲500	12,250	0

[그림 1-24] **한국부동산정보협회 시세 변동표**

이처럼 시세가 상승세에서는 일반적인 경매의 마인드보다는 "달리는 말에 올라타는"것처럼 낙찰을 받을 필요가 있다.

경매는 감정시점이 중요하다

1) 부동산 시장은 항상 상승과 하락을 반복한다

 부동산 경매 시장에서는 감정시점이 중요하다. 감정시점에 따라 응찰의 타이밍이 달라지기 때문이다.

 경매물건이 법원에서 진행되기까지의 절차는 채권자가 임의 또는 강제경매신청 〉 감정평가 〉 집행관 현황조사 〉 이해관계인 송달 〉 입찰공고의 과정으로 최소 4개월에서 6개월 정도의 시간이 소요된다.

 그렇기 때문에 4~6개월 전에 감정을 했다면 감정시점의 시세와 응찰시의 시세에는 변동이 생길 수 있기 때문에 감정평가의 시점을 눈여겨봐야 한다.

 최근 서울과 수도권 일대의 낙찰가율이 상당히 낮아져

서 2회 또는 3회 유찰된 물건들이 늘어나고 있다. 그런데 유찰이 되어서 반값처럼 보이지만 사실은 감정가에 대비하여 50%대의 물건이지 실제 시세와 비교한다면 시세의 70% 정도선이 된다.

(1) 감정시점 당시 시세가 낮았던 물건

건물등기부	권리종류	권리자	채권최고액 (계:142,125,677)	비고	소멸여부
1	1996.07.26	근저당	국민은행 (원종동지점)	32,500,000원	말소기준등기	소멸
2	1996.07.26	근저당	국민은행	13,000,000원		소멸
3	1999.04.22	소유권이전(매매)	김			
4	2005.04.27	근저당	최	40,000,000원		소멸
5	2005.10.10	가압류	신용보증기금	25,500,000원		소멸
6	2005.10.20	가압류	기술신용보증기금	25,500,000원		소멸
7	2006.02.14	임의경매	국민은행	청구금액: 28,130,506원	2006타경4750	소멸
8	2006.04.17	압류	종로세무서			소멸
9	2006.04.26	가압류	우리은행	5,625,677원		소멸
10	2006.09.13	압류	부천시오정구		세무과-13345	소멸
11	2009.02.23	압류	서울종로구			소멸

[그림 1-25] **물건 내역**

[그림 1-25] 물건의 감정시점은 2006년 2월 26일이며, 입찰 일자는 2009년 4월 16일에 진행되었다.

3년 정도 경매가 지연되었는데, 그 이유는 인천지방법원 2006개회 10822의 개인회생으로 지연이 되어 2006년에 감정되었던 물건이 2009년에 경매가 진행되었다.

감정시점 당시에는 시세가 6,000~7,000만 원하던 평범한 빌라가 3년이라는 시간 동안 뉴타운이라는 큰 변화를 겪으면서 1억 6,000만 원 정도로 시세가 상승하였다. 2009년 4월 16일에는 무려 86명의 응찰자가 입찰에 참여해서 1억 4,999만 원에 낙찰이 되었다.

이처럼 감정시점에 가격이 낮았던 물건이 시세 상승으로 신건에서도 200% 이상의 낙찰가를 기록하기도 한다.

(2) 감정시점 당시 시세가 높았던 물건

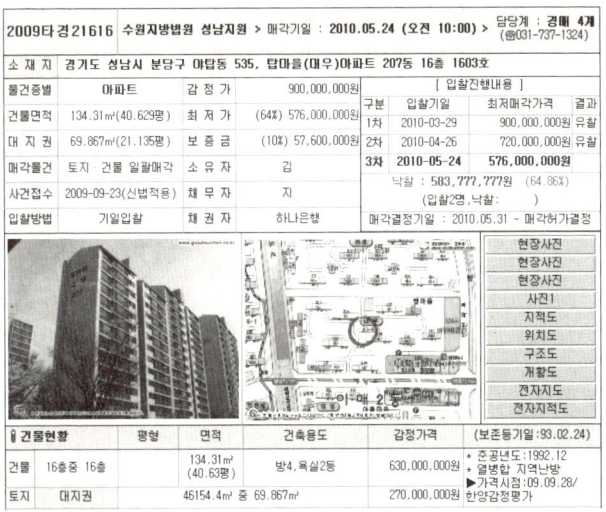

[그림 1-26] **물건 내역**

[그림 1-26] 물건의 감정시점은 2009년 9월 28일로 부동산 가격이 하락하기 이전의 시점에 9억 원의 시세로 감정하였으나, 6개월 후인 2010년 3월에 부동산 가격이 하락된 시점에 경매가 진행되었다.

버블세븐 지역 중 하락 폭이 가장 큰 분당의 경우에는 앞으로 가격이 더 하락할 것으로 예상하여 응찰 인원도 2명 정도이고, 낙찰가도 현저히 낮은 가격에 낙찰되었다.

이처럼 부동산 경매의 응찰 시에 유찰 횟수가 기준이

아닌 물건의 감정시점을 확인하고 응찰하길 바란다.

2) 경매 시장에는 어떤 사람들이?

입찰법정에 가보면 투자자, 실수요자, 부동산 컨설팅 회사 등 3가지 부류의 사람들이 있다. 이들 중 낙찰을 받을 수 있는 가능성이 가장 높은 순서를 정한다면, 실수요자 > 부동산 컨설팅 회사 > 투자자의 순서일 것이다.

그렇다면 처음 부동산 경매에 입문한 여러분들은 이 부류 중 어디에 속하는가? 어려운 질문일 수 있지만, 만일 여러분들이 투자자의 마인드로 부동산 경매 시장에 접근한다면 낙찰을 받을 수 있는 확률은 거의 0%에 가까울 것이다. 좋은 물건이라면 어디의 어떤 물건이라도 경쟁자들이 있기 때문이다.

실수요자의 마인드로 부동산 경매에 참여한다면 낙찰의 확률은 높으나 여러분들이 실수요자가 아닌 이상 굳이 실수요자의 마인드가 필요치는 않다.

일부러 어렵게 경매를 통해 부동산을 취득할 필요가 없기 때문이다.

그러나 일부 특정지역 즉 재건축, 재개발 등으로 매물

이 없는 지역, 또는 일반매매로 구입하기 어려운(토지거래허가지역) 토지 등의 물건에서는 실수요자의 마인드가 필요하다.

그리고 무엇보다도 경매를 투자하는 분들에게 꼭 필요한 것은 부동산 컨설팅적인 마인드이다.

Seven Days Master Series

step 2

부동산 시장과 경매 시장 흐름 읽기

부동산 시장 흐름 읽기

경매는 부동산 시장의 한 부분이다. 따라서 부동산 시장의 흐름을 알아야만 경매시장을 이해할 수 있다. 매스컴 및 부동산 정보 사이트를 통해서도 알 수 있는 방법이 있지만, 이해관계에 영향을 받아 왜곡되거나 잘못되어 정확하지 못한 정보를 얻을 수도 있기 때문에 가장 정확하고 신뢰할 수 있는 정보를 얻어 활용하는 것이 중요하다.

여러 부동산 정보 사이트 중 국민은행 부동산 정보(http://land.KBstar.com) 사이트와 온나라 부동산 포털 사이트(http://www.onnara.go.kr/)를 통해 통계 자료를 활용하는 것이 좀 더 객관적인 자료를 얻는 방법이다.

1) 국민은행 부동산 정보 사이트 이용하기

① 국민은행 부동산 정보 사이트(http://land.KBstar.com)에 접속한다.

② 통계 〉 '전국주택가격 동향조사'를 클릭한다.

③ '자료받기'를 클릭한다.

[그림 2-1] **국민은행 부동산 정보 사이트 초기화면**

④ '자료받기' 목록에서 '시계열 자료'를 클릭한다.

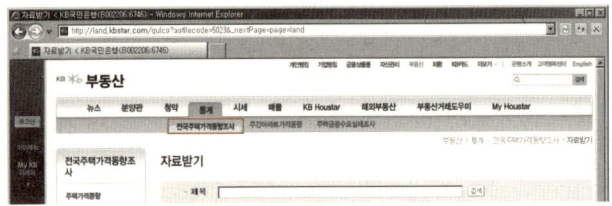

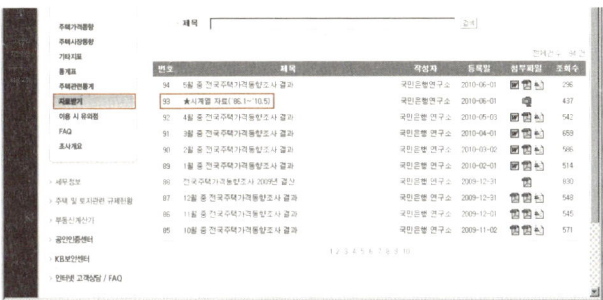

[그림 2-2] **자료받기 화면**

⑤ 첨부파일로 등록되어 있는 '주택가격지수 시계열'을 클릭해서 '파일 열기' 창이 열리면 '열기 또는 디스크에 저장'으로 다운받는다.

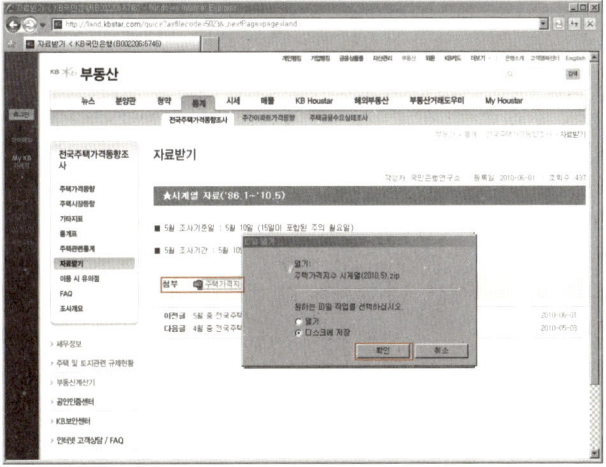

[그림 2-3] **파일 열기 창**

⑥ 다운받은 주택가격지수 시계열(2010.5) 파일을 열어 필요한 지역의 매매가 증감률을 확인한다.

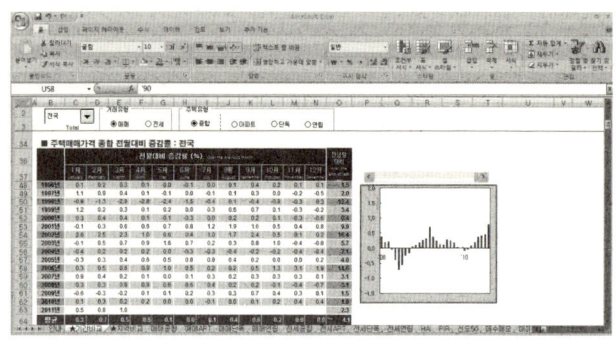

[그림 2-4] **주택가격지수 시계열 파일의 기간비교 시트**

이 차트는 전국 부동산 시세의 과거와 현재의 외부 영향과 변수들이 반영된 수치를 통해 미래의 흐름까지도 추정해볼 수 있는 자료이다. 따라서 지속적으로 차트를 활용한다면 부동산 흐름을 이해하고 판단하는 데 많은 도움을 얻을 수 있다.

매스컴이나 시장에서 가격이 상승 또는 하락하는 지역이 있다면 입력하여 그 결과 값을 얻을 수 있다.

예를 들어 지금 가격이 상승하는 부산, 대전, 춘천지역의 상승을 확인해보자. 그리고 가격이 하락하고 있는 버블세븐 지역의 신도시를 확인해보자.

⑦ 주택가격지수 시계열(2010.5) 파일의 '지역비교' 시트를 클릭해 전국의 시세(기간별) 변동을 확인한다.

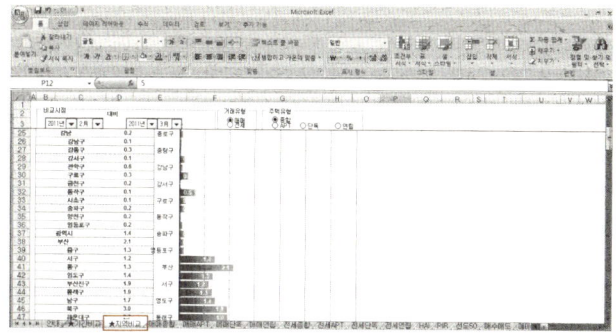

[그림 2-5] **주택가격지수 시계열 파일의 지역비교 시트**

국민은행 부동산 정보를 이용한다면 최근과 지난 몇 년간의 부동산 흐름의 자료를 얻을 수 있으며, 매달 국민은행에서 발표하는 부동산의 동향 이해할 수 있다.

(본 자료는 매달 1일에 발표가 되며, 단점으로는 후행의 자료이므로 개발호재, 악재 등으로 가격의 상승, 하락을 바로 반영하지 못함을 미리 인지해야 한다.)

2) 온나라 부동산포털 사이트에서 자료 이용하기

① 온나라 부동산 포털 사이트(http://www.onnara.go.kr/)에서 '부동산 통계'를 클릭한다.

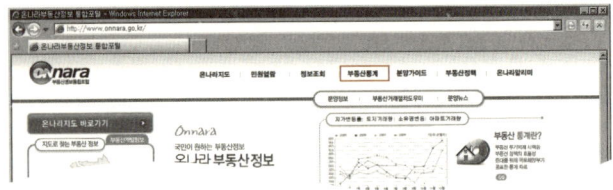

[그림 2-6] **온나라 부동산 포털 사이트 초기화면**

② '지가변동률' 목록 〉 '용도 지역별 및 이용 상황별'을 클릭한다.

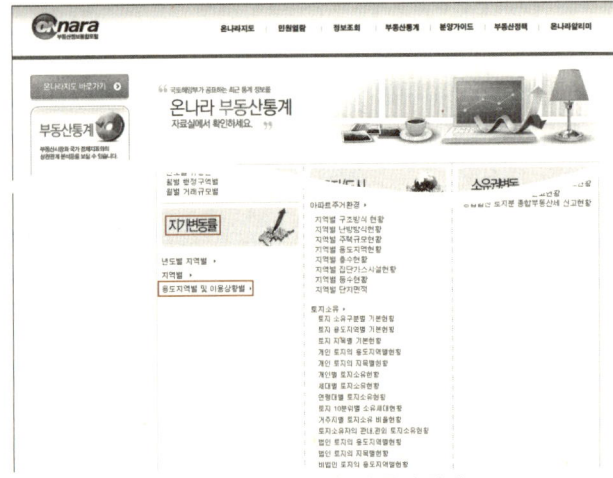

[그림 2-7] **온나라 부동산 통계 화면**

step 2. 부동산 시장과 경매 시장 흐름 읽기

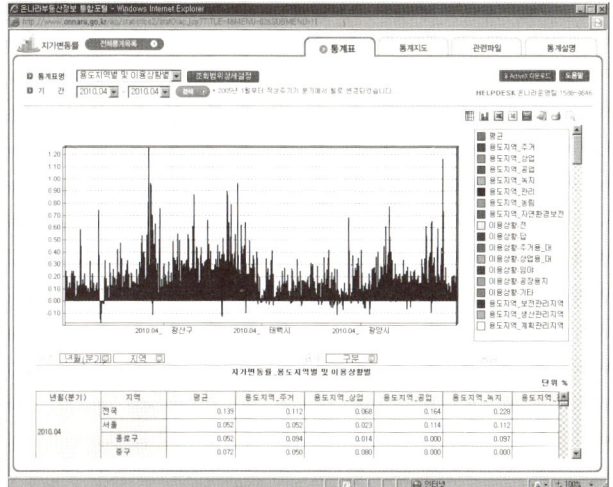

[그림 2-8] **지가변동률 화면**

용도 지역별 및 이용상황별 지가변동률을 통해 지가의 상승, 하락 등을 확인할 수 있다.

경매 시장 흐름 읽기

경매 시장은 부동산 시장의 흐름과 같은 방향으로 진행이 되나 일반적인 통계 자료보다는 선행하는 지표이기도 하다. 경매 시장의 흐름은 유찰횟수, 낙찰가, 경쟁자로 파악이 가능하다. 부동산 경기가 하락기일 때는 상대적으로 유찰횟수가 증가하고, 낙찰가가 낮아지며, 경쟁자가 줄어든다.

경매를 잘하는 방법으로 경매 시장의 흐름을 읽기 위해 전국의 58개 법원을 매일 방문하기는 어려운 일이다. 그러므로 각 부동산 경매 사이트 등을 잘 이용한다면 실시간으로 앉아서도 매일 진행되는 경매 시장의 흐름을 파악할 수 있다.

경매의 흐름을 읽는 방법으로 법원 경매 사이트(http://www.goodauction.co.kr/)를 통해 관심 지역의 경매 결과를 입찰일마다 확인하기를 권한다. 응찰자와 낙찰가, 낙찰요율 등을 파악하며, 신건으로 진행되는 물건 중 높은 낙찰가와 응찰자가 많은 물건에 관심을 가질 필요가 있다. 경매 결과는 시장의 반응에 즉각적인 반응을 하므로 호재가 있는 지역을 감지할 수 있다.

(1) 법원 경매 사이트 이용방법

① 법원 경매 사이트 굿 옥션(http://www.good auction.co.kr/)에 접속한다.

② 초기화면에서 '실시간 경매결과'를 클릭한다.

[그림 2-9] **부동산 경매 사이트 굿옥션 초기화면**

③ '굿옥션 실시간 입찰결과'를 확인한다.

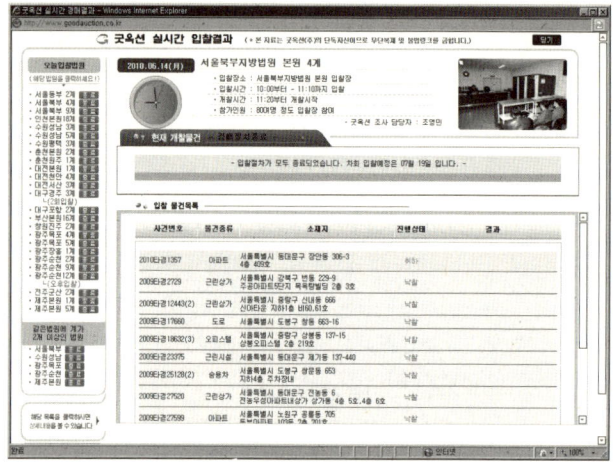

[그림 2-10] **굿옥션 실시간 입찰결과 화면**

경매가 진행되는 기일에 실시간으로 낙찰가와 응찰자 등을 업데이트하므로, 취하 변경 등의 정보를 한눈에 알 수 있다.

KB 차트와 굿옥션 경매
낙찰가로 파악하기

1) 상승지역 파악하기

 부동산 시장의 흐름과 낙찰가와는 절대적인 상관관계를 가지고 있다. 부동산 시장의 시세가 오르는 지역이라면 법원 경매 낙찰가가 높고, 경쟁자가 많은 것은 당연한 일이다.

 부동산 시장의 흐름과 경매시장의 흐름을 별개로 놓고 본다면 서로의 상관관계를 객관적으로 파악하기 어려울 것이다. 그래서 두 가지 흐름의 관계를 자료로 파악해보기로 한다.

(1) 부산 지역(2011년)의 KB 차트와 굿옥션 경매 낙찰율, 낙찰가, 응찰자 비교

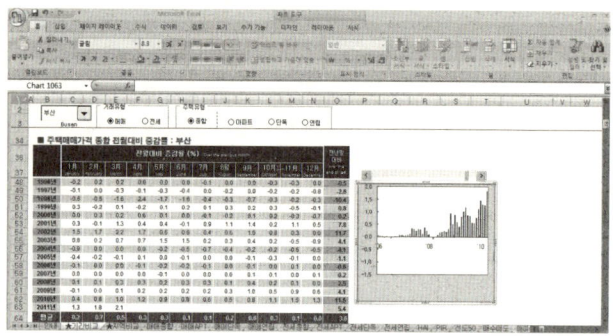

[그림 2-11] **KB 시계열차트(2011.03) 기간비교 시트의 부산지역**

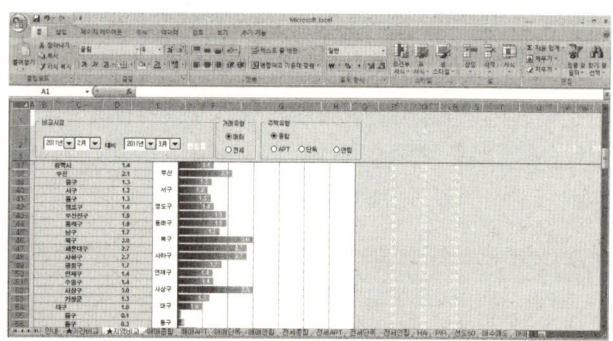

[그림 2-12] **KB 시계열차트(2011.03) 지역비교 시트의 부산지역**

step 2. 부동산 시장과 경매 시장 흐름 읽기

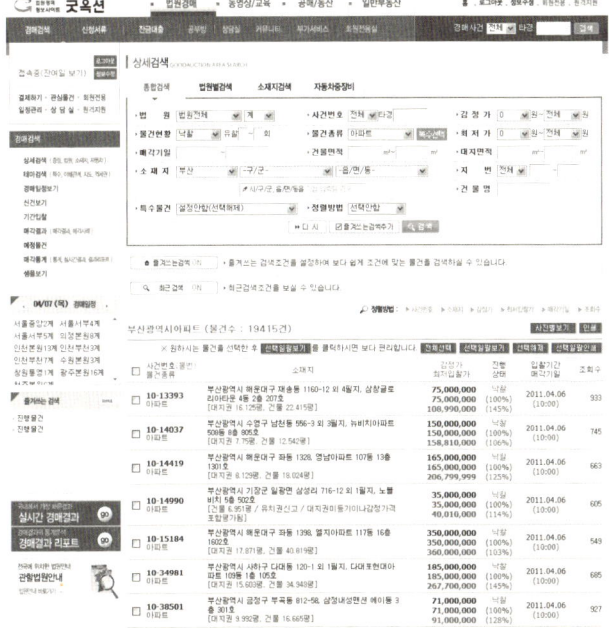

[그림 2-13] **굿옥션 경매물건 검색을 통한 부산지역(2011년)의 낙찰결과**

[그림 2-14] **굿옥션을 통한 부산지역의 낙찰결과 상세보기**

부산은 해운대구를 중심으로 북구, 남구, 사상구 등이 2010년 1월부터 상승의 조짐을 보이며 현재까지 지속적으로 상승을 유지하고 있음을 KB 차트를 통하여 확인이 가능하다.

부산지역은 수도권의 금융위기와 상관없이 상승을 유지하고 있다. 부산은 DTI 규제로부터 자유로운 지역이며, 수도권에 비해 저렴한 가격과 입주물량 부족으로 인한 가격의 폭락 충격이 없었기 때문에 상승이 이어지고 있다.

부산은 각종 지역개발 호재와 공급물량 부족으로 전년 말 대비 5.4% 상승하면서 상승세를 지속하고 있다. 사상구(3.0%)는 부산지역의 전반적인 매수심리가 호전된 가운데 서부산 개발계획과 사상구-김해간 경전철 개통예정 등의 호재로 비교적 높은 상승폭을 보인다. 북구(3.0%)는 올해 3월 지하철 반송선 개통과 사상구-김해간 경전철 개통예정, 거가대교 개통 등으로 다른 부산지역으로의 접근성이 개선되면서 상승하였다.

(2) 대전 지역(2011년)의 KB 차트와 굿옥션 경매 낙찰율, 낙찰가, 응찰자 비교

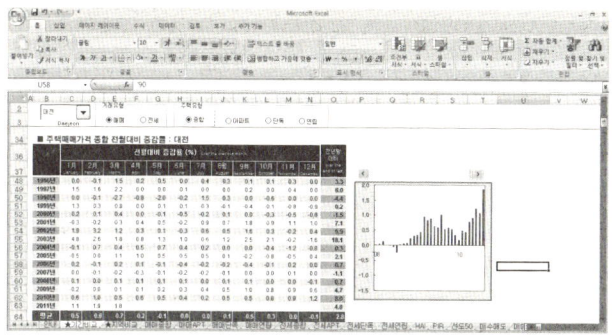

[그림 2-15] **KB 시계열차트(2011.03) 기간비교 시트의 대전지역**

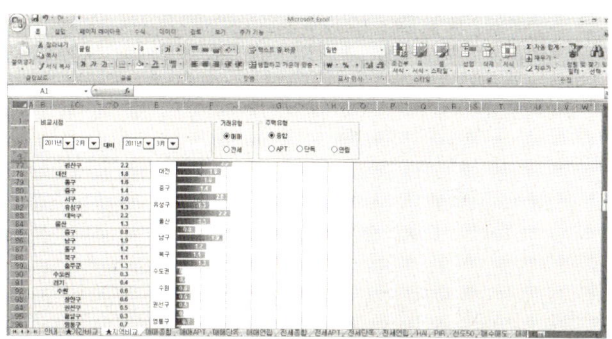

[그림 2-16] **KB 시계열차트(2011.03) 지역비교 시트의 대전지역**

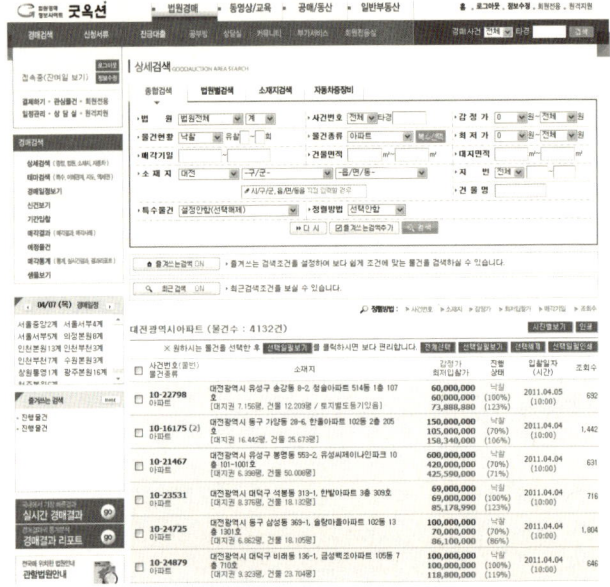

[그림 2-17] **굿옥션을 통한 대전지역(2011년)의 낙찰결과**

[그림 2-18] **굿옥션을 통한 대전지역의 낙찰결과 상세보기**

대전지역의 차트에서 2010년 10~11월의 증감율을 보면, 0.8%, 0.9%순으로 2개월의 상승률이 2011년 1월, 2월, 3월에도 이어지고 있음을 볼 수 있다.

step 2. 부동산 시장과 경매 시장 흐름 읽기

대전지역은 충청권의 가격상승과 더불어 전세가 등의 상승과 수급의 불균형으로 인하여 가격상승이 예상된다.

대덕구와 유성구, 중구는 100%를 넘는 낙찰가를 경매 결과를 통해 확인이 가능하며, 대전 지역은 중소형대의 아파트의 낙찰가가 높다.

대전(1.5%)은 중구(2.3%)가 대전지역의 공급물량 부족과 전세가격 상승으로 비교적 소형물량이 많은 중구로 유입되는 수요가 증가하며 상승하였다.

(3) 충주지역(2011년)의 KB 차트와 굿옥션 경매 낙찰율, 낙찰가, 응찰자 비교

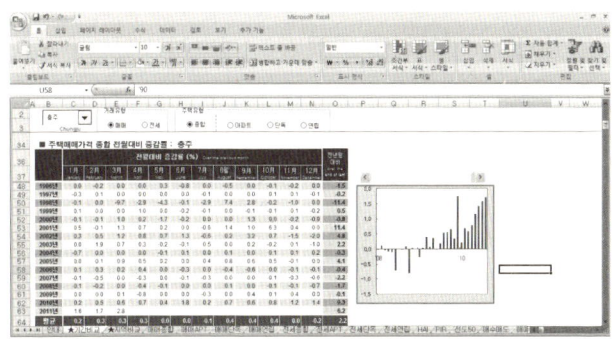

[그림 2-19] KB 시계열차트(2011.03) 기간비교 시트의 충주지역

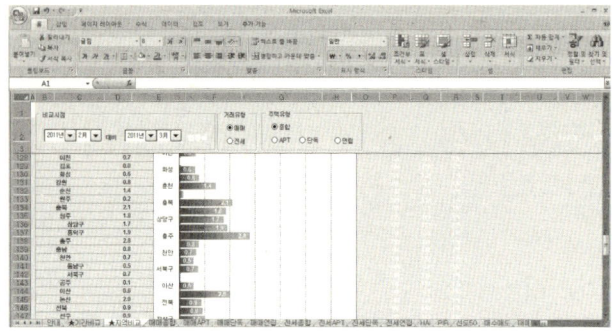

[그림 2-20] KB 시계열차트(2011.03) 지역비교 시트의 충주지역

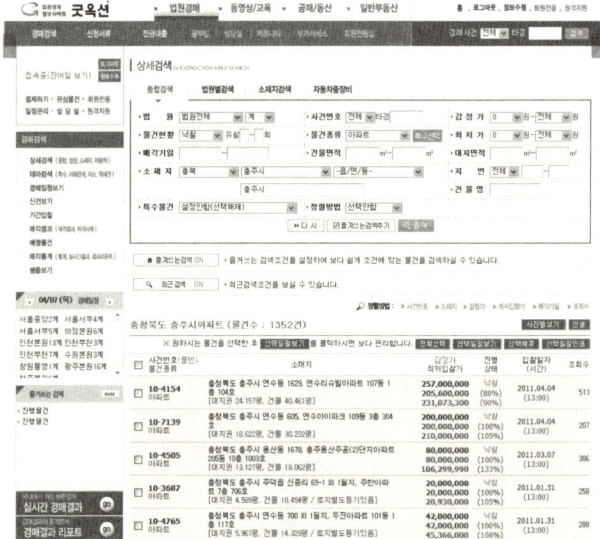

[그림 2-21] 굿옥션 경매물건 검색을 통한 충주지역(2011년)의 낙찰결과

step 2. 부동산 시장과 경매 시장 흐름 읽기

물건요약: 용산동 충주용산주공(2)단지아파트 205동 1003호 18평						
2010타경4505 · 청주지방법원 충주지원 · 매각기일 : 2011.03.07(月) (13:00) · 경매 3계 (전화:043-841-9123)						
소재지	충청북도 충주시 용산동 1678, 충주용산주공(2)단지아파트 205동 10층 1003호					
물건종별	아파트	감정가	80,000,000원	[입찰진행내용]		
대지권	43.394㎡(13.127평)	최저가	(100%) 80,000,000원	구분	입찰기일	최저매각가격	결과
건물면적	59.71㎡(18.062평)	보증금	(10%) 8,000,000원	1차	2011-03-07 (13:00)	80,000,000원	
매각물건	토지 건물 일괄매각	소유자	박	낙찰 : 106,299,990원 (132.87%)		
경매개시	2010-06-09(신법적용)	채무자	박	(입찰16명, 낙찰:김 / 2등입찰가 102,600,000원)		
입찰방법	기일입찰	채권자	(선정당사자)이재화	매각결정기일 : 2011.03.14 - 매각허가결정		
				대금지급기한 : 2011.04.20		
				대금납부 2011.03.23		

[그림 2-22] **굿옥션을 통한 충주지역의 낙찰결과 상세보기**

충주차트의 2010년 2월 이후 증감율을 보면, 0.5%, 0.6%이고, 6월에는 1.8%의 상승으로 2011년 3월까지 15개월간 꾸준한 상승세를 보이고 있다.

충주지역은 수도권에 비해 소액투자가 가능한 소형아파트가 많아 투자자들의 지속적인 유입과 매매물건의 실종으로 높은 낙찰가를 유지하고 있다.

KB 차트를 통해 본 충주지역은 2010년부터 시작된 상승이 2011년 3월까지도 계속되는 것을 확인할 수 있다.

경매 낙찰가로 본다면 2010년 6월 이후부터 낙찰가가 100%를 넘기 시작하여 2~3명 정도의 경쟁률이던 아파트가 현재는 10여 명 이상의 경쟁을 기록하고 있다.

충주는 충주 기업도시 개발호재와 제약회사 5곳 이전으로 유입인구는 증가하였으나, 최근 건설경기 침체에 따른 주택 공급물량 부족으로 상승세를 지속하고 있다.

2) 하락지역 파악하기

2010년에는 부산, 대전, 춘천지역과 달리 서울, 수도권은 보금자리 및 분양물량으로 버블세븐 지역 등의 가격이 하락하고 있음을 볼 수 있다.

(1) 분당 지역(2010년)의 KB 차트와 굿옥션 경매 낙찰율, 낙찰가, 응찰자 비교

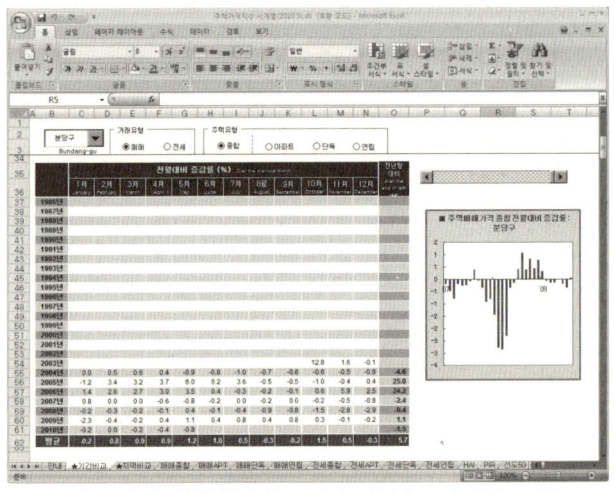

[그림 2-23] KB 시계열차트(2010.05) 기간비교 시트의 분당지역

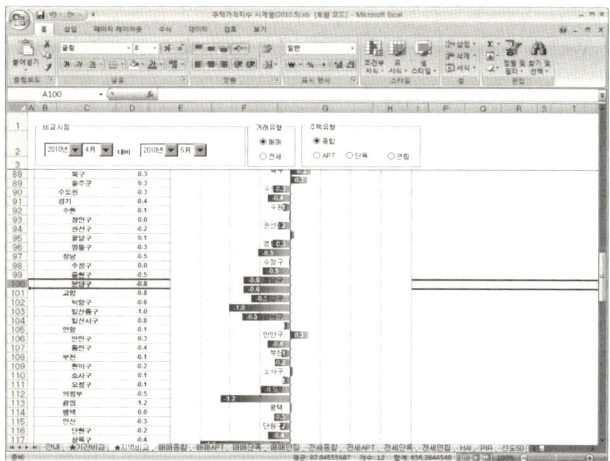

[그림 2-24] KB 시계열차트(2010.05) 지역비교 시트의 분당지역

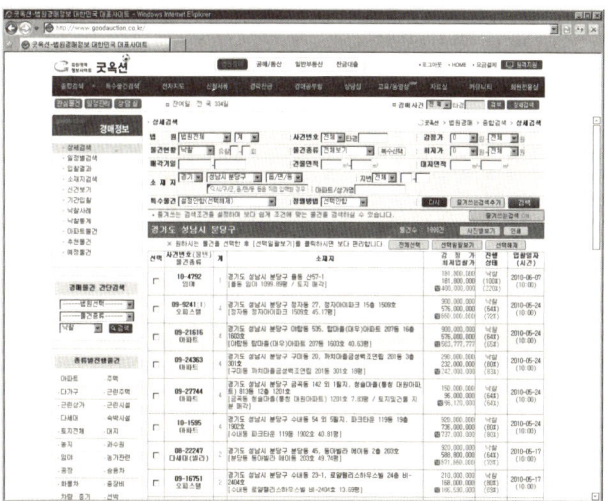

[그림 2-25] 굿옥션을 통한 분당지역(2010.05)의 낙찰결과

굿옥션	[물건요약 : 야탑동 탑마을(대우)아파트 207동 1603호 40평]			관심물건등록/개인메모
2009타경21616	수원지방법원 성남지원 > 매각기일 : 2010.05.24 (오전 10:00) >			담당계 : 경매 4계 (☎031-737-1324)
소 재 지	경기도 성남시 분당구 야탑동 535, 탑마을(대우)아파트 207동 16층 1603호			
물건종별	아파트	감 정 가	900,000,000원	[입찰진행내용]
건물면적	134.31㎡(40.629평)	최 저 가	(64%) 576,000,000원	구분 / 입찰기일 / 최저매각가격 / 결과 1차 / 2010-03-29 / 900,000,000원 / 유찰
대 지 권	69.867㎡(21.135평)	보 증 금	(10%) 57,600,000원	2차 / 2010-04-26 / 720,000,000원 / 유찰
매각물건	토지·건물 일괄매각	소 유 자	김	3차 / 2010-05-24 / 576,000,000원
사건접수	2009-09-23(신법적용)	채 무 자	지	낙찰 : 583,777,777원 (64.86%) (입찰2명,낙찰:최)
입찰방법	기일입찰	채 권 자	하나은행	매각결정기일 : 2010.05.31 - 매각허가결정

[그림 2-26] 굿옥션을 통한 분당지역의 낙찰결과 상세보기

 2010년 성남시 분당구의 가격 하락은 KB 차트에서 확인한 대로 2009년 11월부터 시작하여 2010년 현재까지 이어지고 있다. 낙찰결과를 확인해보면 2009년 10월경에 90%대에 낙찰되던 아파트가 2010년 현재에는 70%대에 낙찰되고 있음을 확인할 수 있다.

 2010년 분당지역은 일산에 이어 가격의 하락폭이 가장 큰 지역이었다. 제1기 신도시와 버블세븐이라는 두 가지의 악재와 판교신도시의 공급 등으로 분당지역의 가격하락을 확인할 수 있다. 2010년 당시의 경매 낙찰가를 확인해보면 분당구는 40평 이상의 대형 평형과 주상복합 아파트의 낙찰가가 60~70%대, 소형평의 낙찰가는 80~90%대를 유지하였으나, 최근의 차트와 낙찰가를 확인해보면 가격의 상승과 낙찰가의 상승을 알 수 있다.

(2) 용인 기흥지역(2010년)의 KB 차트와 굿옥션 경매 낙찰율, 낙찰가, 응찰자 비교

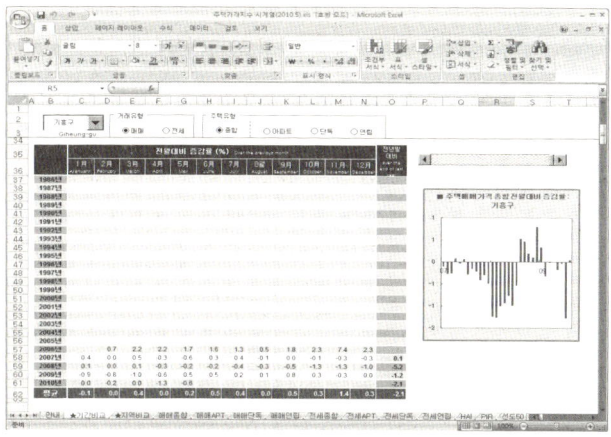

[그림 2-27] KB 시계열차트(2010.05) 기간비교 시트의 용인 기흥지역

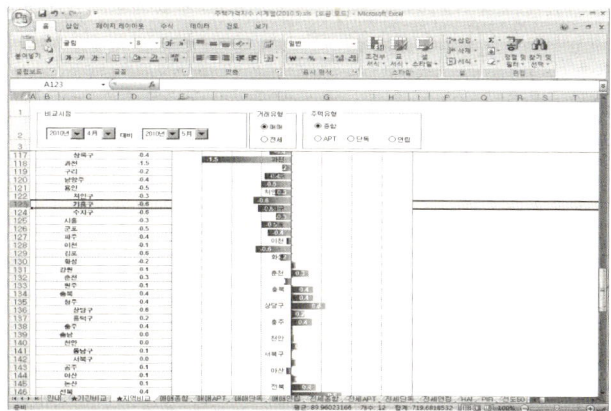

[그림 2-28] KB 시계열차트(2010.05) 지역비교 시트의 용인 기흥지역

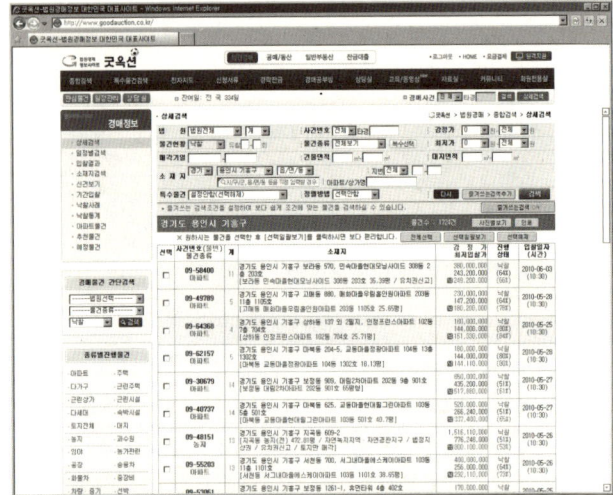

[그림 2-29] **용인 기흥지역(2010.05)의 낙찰결과**

[그림 2-30] **용인 기흥지역의 낙찰결과 상세보기**

step 2. 부동산 시장과 경매 시장 흐름 읽기

3) 물건 유형별 낙찰가 파악하기

(1) 공급부족 물건-오피스텔

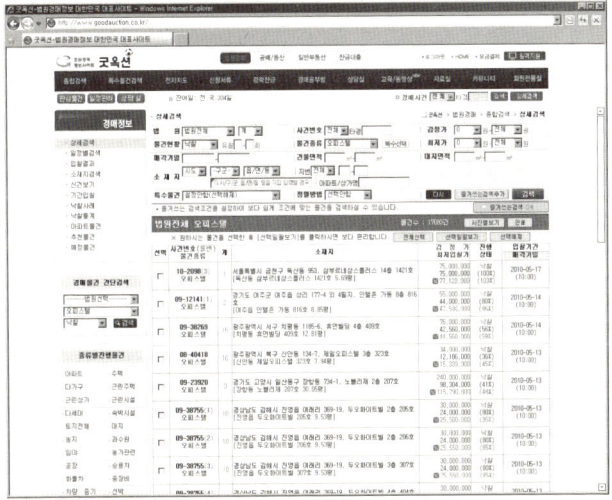

[그림 2-31] 공급부족 물건의 낙찰결과

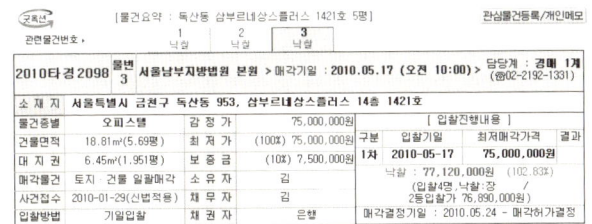

[그림 2-32] 공급부족 물건의 낙찰결과 상세보기

2006년도, 2007년도에는 경매시장에서 관심조차 없었던 수익형 물건인 오피스텔이 매년 공급량의 절대부족과 수익형 부동산을 찾는 투자자들의 증가로 낙찰가가 100% 이상을 상회하는 물건으로 바뀌었다.

오피스텔의 좋은 점과 공략 방법에 관해서는 뒷장에서 자세히 설명하도록 하겠다.

(2) 전략정비구역 내의 물건(다세대)

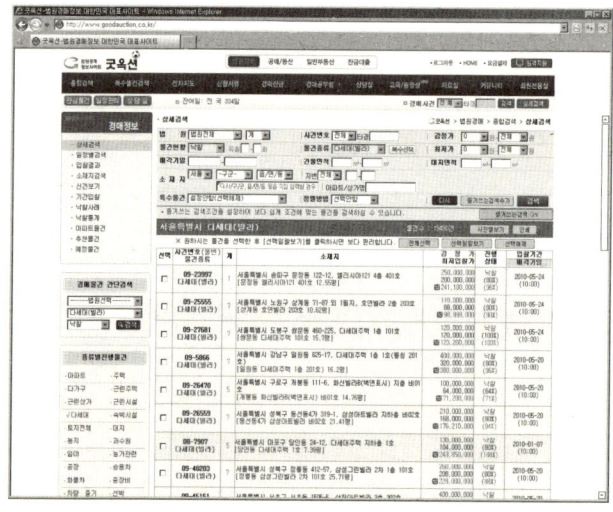

[그림 2-33] **전략정비구역 내의 물건(다세대) 낙찰결과**

[물건요약 : 당인동 다세대주택 1호 7평] 관심물건등록/개인메모

2008타경7907	서울서부지방법원 본원 > 매각기일 : 2010.01.07 (오전 10:00) >		담당계 : 경매 5계 (☎02-3271-1325)		
소 재 지	서울특별시 마포구 당인동 24-12, 다세대주택 지하층 1호				
물건종별	다세대(빌라)	감 정 가	130,000,000원	[입찰진행내용]	
건물면적	24.44㎡(7.393평)	최 저 가	(80%) 104,000,000원	구분 입찰기일	최저매각가격 결과
				1차 2008-11-27	130,000,000원 유찰
대 지 권	20.33㎡(6.15평)	보 증 금	(10%) 10,400,000원	2차 2008-12-26	104,000,000원 낙찰
매각물건	토지·건물 일괄매각	소 유 자	유 욱	낙찰 110,870,000원(85.28%) / 1명 / 불허가	
사건접수	2008-05-19(신법적용)	채 무 자	유 욱	3차 2010-01-07	104,000,000원
입찰방법	기일입찰	채 권 자	관리공사	낙찰 : 243,850,000원 (187.58%) (입찰70명, 낙찰:대화동 오) 매각결정기일 : 2010.01.14 - 매각허가결정	

[그림 2-34] **전략정비구역 내의 물건(다세대)의 낙찰결과 상세보기**

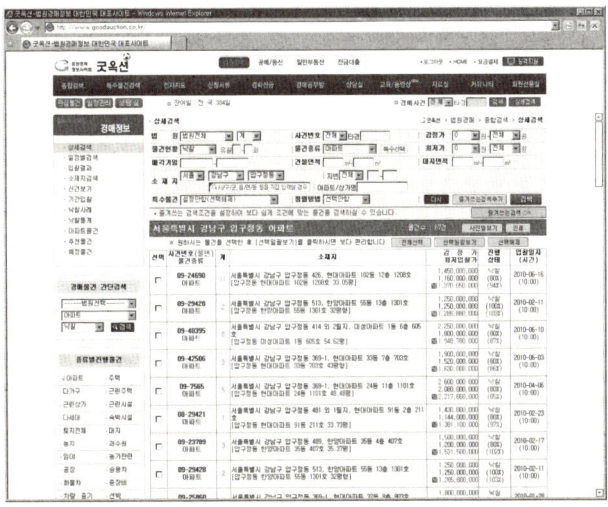

[그림 2-35] **전략정비구역 내의 물건(아파트) 낙찰결과**

2009타경29428	서울중앙지방법원 본원 > 매각기일 : 2010.02.11 (오전 10:00) >	담당계 : 경매 2계 (☎02-530-1814)
소 재 지	서울특별시 강남구 압구정동 513, 한양아파트 55동 13층 1301호	
물건종별	아파트(32평형)	감 정 가	1,250,000,000원	[입찰진행내용]
건물면적	100.5㎡(30.401평)	최 저 가	(100%) 1,250,000,000원	구분 입찰기일 최저매각가격 결과
대 지 권	49.87㎡(15.086평)	보 증 금	(10%) 125,000,000원	1차 2010-02-11 1,250,000,000원
매각물건	토지·건물 일괄매각	소 유 자	류 강	낙찰 : 1,285,880,000원 (102.87%) (입찰3명, 낙찰:홍)
사건접수	2009-07-23(신법적용)	채 무 자	(주) 에스티	매각결정기일 : 2010.02.18 - 매각허가결정
입찰방법	기일입찰	채 권 자	저축은행	

[그림 2-36] **전략정비구역 내의 물건(아파트)의 낙찰결과 상세보기**

(3) 전략정비구역 내의 물건(아파트)

　전략정비구역은 압구정동, 성수동, 여의도, 합정동 등으로 경매물건이 많지 않은 지역이다.

　압구정동은 아파트 밀집지역으로 2009년 7월부터 2010년 초반까지의 낙찰가는 100%대를 상회하였으나 최근의 낙찰가는 강남지역의 가격하락 분위기에 맞물려 80%대에서 낙찰되고 있음을 낙찰결과를 통하여 확인할 수 있다.

(4) 지가 상승지역의 토지

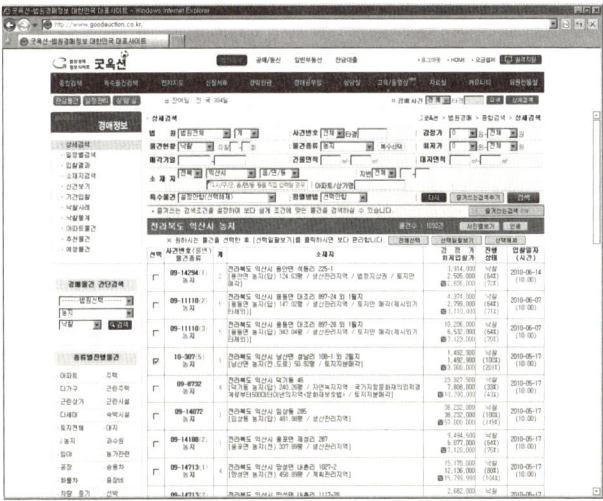

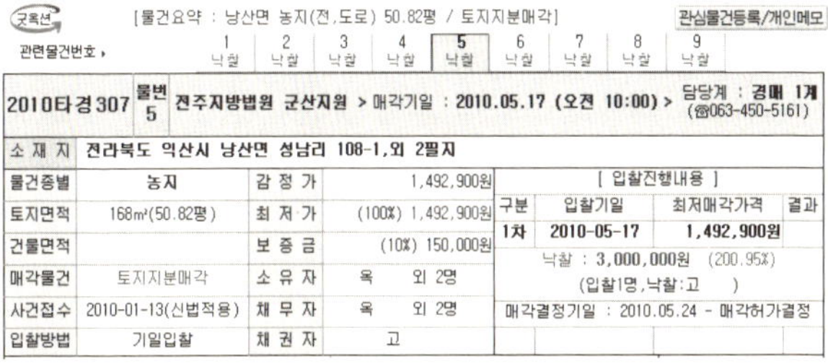

[그림 2-37] **굿옥션을 통한 지가 상승지역의 토지 낙찰결과**

굿옥션 [물건요약 : 낭산면 농지(전,도로) 50.82평 / 토지지분매각] 관심물건등록/개인메모

관련물건번호 ▸ 1 낙찰 | 2 낙찰 | 3 낙찰 | 4 낙찰 | 5 낙찰 | 6 낙찰 | 7 낙찰 | 8 낙찰 | 9 낙찰

2010타경307 물번 5 전주지방법원 군산지원 > 매각기일 : 2010.05.17 (오전 10:00) > 담당계 : 경매 1계 (☎063-450-5161)

소 재 지	전라북도 익산시 낭산면 성남리 108-1,외 2필지						
물건종별	농지	감 정 가	1,492,900원	[입찰진행내용]			
토지면적	168㎡(50.82평)	최 저 가	(100%) 1,492,900원	구분	입찰기일	최저매각가격	결과
건물면적		보 증 금	(10%) 150,000원	1차	2010-05-17	1,492,900원	
매각물건	토지지분매각	소 유 자	옥 외 2명	낙찰 : 3,000,000원 (200.95%)			
사건접수	2010-01-13(신법적용)	채 무 자	옥 외 2명	(입찰1명,낙찰:고)			
입찰방법	기일입찰	채 권 자	고	매각결정기일 : 2010.05.24 - 매각허가결정			

[그림 2-38] **지가 상승지역의 토지 낙찰결과 상세보기**

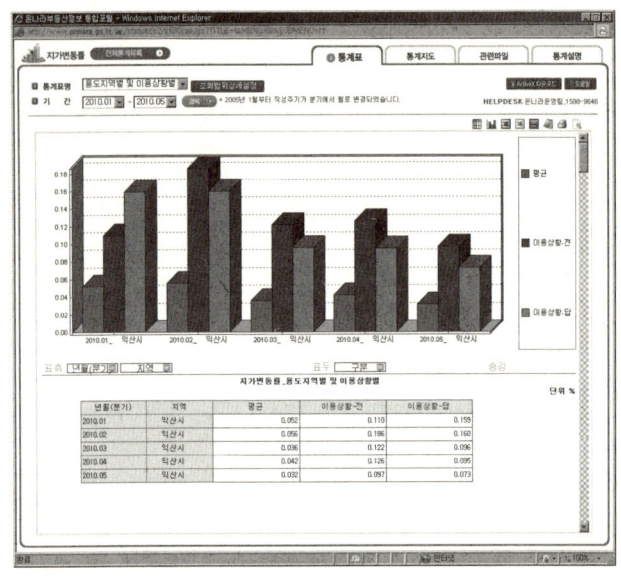

[그림 2-39] **온나라 부동산 포털 사이트의 지가 상승지역의 토지**

1~9번 물건은 모두 익산의 토지 경매 물건이다. 군산지역의 지가상승으로 인해 인근 지역인 익산의 지가도 상승함을 지가 상승 차트를 통해 확인할 수 있다. 경매 낙찰가를 확인해보면 전북지역의 군산, 익산, 부안 등의 토지 낙찰가가 100% 이상으로 낙찰되는 물건이 많음을 알 수 있다.

토지 차트를 활용하여 가격의 상승이 있는 지역과 낙찰가를 비교해보면 상승지역과 하락지역을 구분하여 투자에 활용이 가능하다(예: 강화도 및 옹진군의 토지 차트를 확인하고, 경매 낙찰가를 확인해본다).

Seven Days Master Series

step 3

임장 활동 요령 익히기

경매는 달리기가 아니다

　법원경매를 많이 해보지 않은 사람들은 대부분 조급하게 물건 조사를 한다. 그러나 경매라는 것은 달리기처럼 먼저 달려 나간다고 해서 낙찰을 받는 것은 아니다.

　물건의 조사 시점에도 타이밍이 있기 때문에 절대로 물건의 임장(臨場: 물건을 현장 조사하는 일)을 서두를 필요가 없다. 경매의 목적이 무엇인가를 먼저 생각한다면 언제 조사를 해야 할지 그 시기를 잘 알 수 있을 것이다.

　그리고 경매의 목적은 낙찰이기 때문에 경쟁자의 파악도 중요하게 생각해야 한다. 앞에서 이야기한 것처럼 컨설팅 회사처럼 움직이기를 바란다.

　그렇다면 무엇을 조사할 것인가? 우선 물건마다 임장

활동의 타이밍이 중요하다. 보통 우리가 많이 응찰하려는 물건은 아파트, 빌라, 상가, 오피스텔, 토지 등이 대부분이다.

만일 7월 5일에 입찰할 물건을 6월에 임장을 간다면 정확한 시세를 파악하기에 어려움이 있는 것은 당연한 일이다. 주거용 건물의 시세는 그때 그때의 분위기와 경제지표에 따라 상승하거나 하락하기 때문에 입찰일에 가장 가까운 시점에 중개업소 등을 통하여 파악한다면 좀 더 정확한 시세를 알 수 있을 것이다. 그리고 응찰하려는 물건에 경쟁자가 없다는 확신이 든다면 최저가로 낙찰받을 수 있지만, 경쟁자가 있다면 예상한 가격의 상한선까지를 생각하고 응찰해야 한다.

법원경매는 말 그대로 경쟁을 통해 부동산을 매입하는 방식이기에 경쟁자를 파악하는 것은 반드시 필요하다. 많은 응찰자들이 경쟁자를 파악하지 않은 상태에서 응찰을 하다보니 2회 유찰되어 감정평가액 대비 64%인 물건에 경쟁자가 20여 명이 응찰하는 경우에 최저가로 응찰하기도 한다. 이런 입찰은 시간적으로나 금전적으로 손실일 뿐이다.

경매는 물건마다 위치와 금액이 다른 개별 특성을 지

넣기 때문에 똑같은 물건은 없다. 입찰을 준비하는 응찰자들이라면 철저하게 준비하려고 노력하겠지만 경매는 꼭 노력만으로 낙찰을 받을 수 없는 것이 현실이다. 무엇보다도 어느 정도의 감각과 눈치, 기술이 필요하다.

물건 답사 전에 손품 팔기

1) 부동산 시세 사이트 이용하기

아파트, 오피스텔은 부동산 사이트를 통해서 시세의 확인이 가능하다. 물건의 임장 전에 사이트(R114, 스피드뱅크, 닥터아파트, 한국 부동산 정보협회) 등을 통하여 시세를 미리 확인해 보도록 한다.

① 아파트의 실거래가

아파트는 국토해양부의 아파트 실거래가(http://rt.mltm.go.kr/)를 통해 최근 거래된 아파트의 거래가를 숙지한 다음, 현장의 부동산 중개업소를 방문한다면 시세를 확인하는 데 도움이 될 것이다.

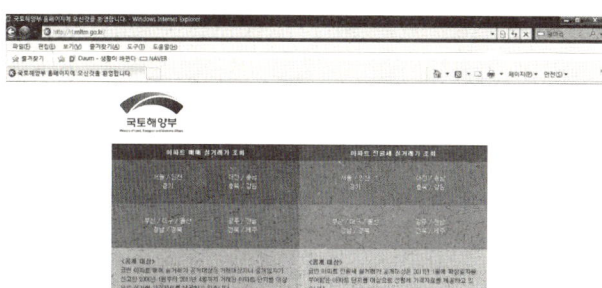

[그림 3-1] 국토해양부 아파트 실거래가 사이트 초기화면

다음은 은마 아파트의 2010년 아파트 실거래가이다. 부동산 경기 침체로 거래량과 매매가의 하락을 볼 수 있으며, 최근에 거래된 가격이 얼마인지 알 수 있다.

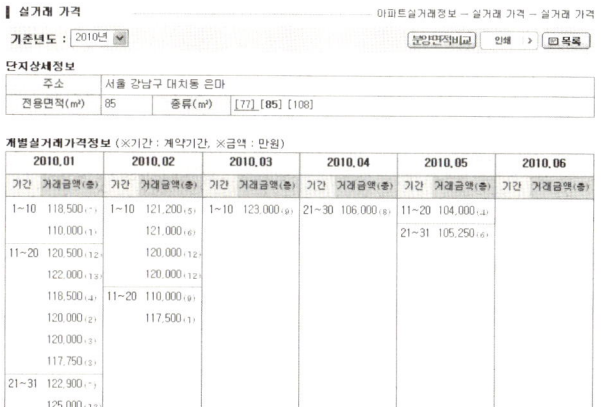

[그림 3-2] 국토해양부 아파트 실거래가 사이트 은마아파트 거래가

② 오피스텔의 실거래가

아파트는 실거래가 확인이 가능하고, 과거의 시세 등을 확인할 수 있는 사이트가 여러 곳인 반면 오피스텔은 과거의 시세를 확인할 수 있는 사이트가 많지 않다. 다음은 필자가 추천하는 사이트이다.(한국 부동산 정보협회, http://www.kris.or.kr)

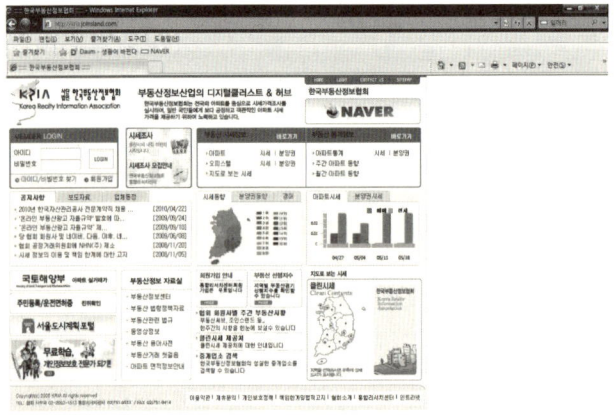

[그림 3-3] **한국 부동산 정보협회 사이트 초기화면**

수원지역 오피스텔의 2010년 오피스텔 거래가이다. 최근에 오피스텔 가격이 상승하고 있고, 많은 투자자들이 관심 물건으로 지목하고 있어서 과거의 시세도 파악할 필요가 있다.

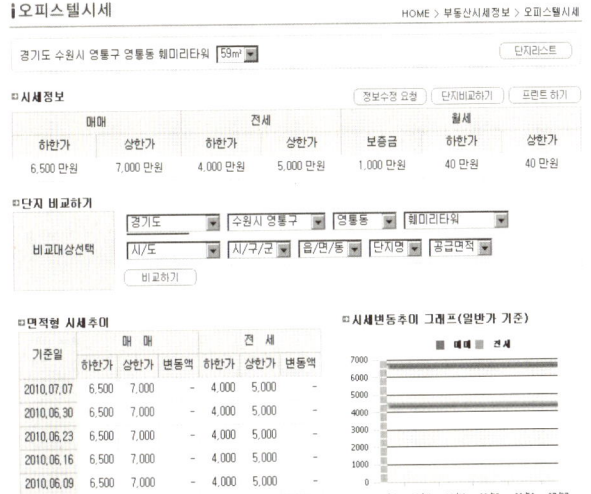

[그림 3-4] 한국 부동산 정보협회 사이트 오피스텔 실거래가

2) 대법원 경매정보 이용하기

임장을 시작하기 전에 미리 대법원 경매정보 사이트(http://www.courtauction.go.kr/)와 법원경매 굿옥션 사이트(http://www.goodauction.co.kr/)를 방문하여 해당 경매의 취하 및 변경 여부를 확인하고 임장을 해야 한다. 만일 물건의 채권액이 적다거나 채무자가 기일변경을 신청한 사실을 모르고 조사하였다면 시간을 낭비하는 일

이 발생할 수도 있기 때문이다. 또한 경매물건이 여러 차례 변경되었던 경우일수록 반드시 사전에 확인을 할 필요가 있다.

2009타경31353	서울중앙지방법원 본원 > 매각기일 : 2010.06.10 (오전 10:00) >			담당계 : 경매 8계 (☎02-530-1820)	
소 재 지	서울특별시 강남구 대치동 66, 쌍용1차대치아파트 3동 2층 209호				
물건종별	아파트	감 정 가	970,000,000원	[입찰진행내용]	
건물면적	96.04㎡(29.052평)	최 저 가	(80%) 776,000,000원	구분 입찰기일	최저매각가격 결과
대 지 권	55㎡(16.638평)	보 증 금	(10%) 77,600,000원	1차 2010-02-25	970,000,000원 유찰
매각물건	토지·건물 일괄매각	소 유 자	최	2010-04-01	776,000,000원 변경
사건접수	2009-08-11(신법적용)	채 무 자	최	2010-05-06	776,000,000원 변경
입찰방법	기일입찰	채 권 자	저축은행	2010-06-10	776,000,000원

[그림 3-5] **굿옥션을 통한 물건 상세보기**

● 사건기본내역

사건번호	2009타경31353	사건명	부동산임의경매
접수일자	2009.08.11	개시결정일자	2009.08.12
담당계	경매8계 전화: 530-1820(구내:1820)		
청구금액	307,678,886원	사건항고/정지여부	
종국결과	취하	종국일자	2010.06.08

[그림 3-6] **대법원 경매정보를 통한 물건의 기본내역**

2010.03.29	채권자 한국상호저축은행 주식회사 기일연기신청 제출	
2010.04.30	채권자 한국상호저축은행 주식회사 기일연기신청 제출	
2010.05.07	교부권자 삼성세무서 교부청구 제출	
2010.06.08	채권자 한국상호저축은행 주식회사 (각종)취하서(포기서포함) 제출	

[그림 3-7] **대법원 경매정보를 통한 물건의 사전 진행사항**

선순위 가등기, 선순위 전세권이 있을 경우에도 권리자들의 권리신고 및 배당요구 여부를 반드시 확인해야 하며, 대법원 경매정보 사이트의 문건접수 내역을 미리 확인하고 임장을 준비하도록 해야 한다. 선순위 가등기권자의 경우 배당요구를 반드시 대법원 경매정보 사이트를 통해서 확인해야 한다.

굿옥션 경매 사이트에서는 선순위 가등기일 때 인수로 표시가 되기 때문에 입찰을 피하는 경우가 많다. 따라서 대법원 경매정보 사이트를 이용하여 선순위 가등기권자의 배당요구 신청을 확인해볼 필요가 있다.

마찬가지로 선순위 전세권자의 경우에도 배당요구를 하지 않을 때에는 낙찰자가 인수하게 되며, 배당요구 종기일 이후에 권리신고를 한다면 배당요구를 하였어도 배당을 받지 못해 낙찰자가 인수하므로 대법원 경매정보 사이트에서 권리신고뿐만 아니라 배당요구 종기일도 반드시 확인해야 한다.

선순위 가등기권자가 굿옥션 사이트([그림 3-8] 참고) 상에는 인수로 표시되었으나, 대법원 경매정보 사이트([그림 3-9] 참고)에서 확인한 결과 2009년 5월 11일에 배당요구를 하여 인수되지 않았다는 것을 알 수 있다.

1. 대법원 사이트 – 경매 진행 여부 확인.
2. 선순위 가등기권자 – 배당요구 확인(담보 가등기인지를 확인).
3. 선순위 전세권자 – 배당요구 신청 여부와 종기일 이전에 배당요구를 했는지 확인.

건물등기부	권리종류	권리자	채권최고액 (계 : 460,000,000)	비고	소멸여부
1　2005.09.22	소유권이전(매각)	김		강제경매로 인한 매각 2004타경	
2　2007.04.12	소유권이전 청구권가등기	조		매매예약	인수
3　2007.05.04	근저당		400,000,000원	말소기준등기	소멸
4　2008.04.18	주택임차권(전부)	김	60,000,000원	전입 : 2006.05.26 확정 : 2006.05.26 차임금 170,000원	
5　2009.02.26	강제경매	김	청구금액: 63,387,273원	2009타경	소멸
등기부 분석　☞전액미배당시 주택임차권 등기 말소안됨					

[그림 3-8] **굿옥션을 통한 물건의 건물 등기부 내역**

● 문건처리내역

접수일	접수내역	결과
2009.02.27	등기소 서울중앙지방법원 등기과 등기필증 제출	
2009.03.30	기타 에이원감정 감정평가서 제출	
2009.04.23	기타 서울중앙지방법원집행관 현황조사서 제출	
2009.05.11	가등기권자 조은경 배당요구신청 제출	
2009.05.11	가등기권자 조은경 배당요구신청 제출	

[그림 3-9] **대법원 경매정보의 사건 검색을 통한 물건의 문건처리 내역**

[그림 3-10]에서 보이는 임차인의 경우 굿옥션 사이트 상에서는 선순위 전세권자로 법원에 2010년 2월 24일에 권리신고를 하여 9,000만 원 전액을 배당받는 임차인처럼 보이나, 임차인의 배당요구 기일이 배당요구 종기일인 2010년 2월 1일보다 늦은 2월 24일로 배당요구를 하였다 하더라도 낙찰자가 전액을 인수하게 된다. 대법원 경매정보 사이트를 참조하여 배당요구 종기일을 확인하기 바란다.

본건은 227,770,000원에 2명이 응찰하여 낙찰되었으나, 불허가 결정이 되어 현재 진행되지 않는 물건이나. 권

step 3. 임장 활동 요령 익히기

리분석의 실수로 인해 입찰보증금이 몰취될 수도 있는 물건이다.

선순위 임차인이나 전세권자가 있을 경우에는 반드시! 배당요구 종기일 이전에 배당요구를 했는지 확인하기 바란다.

임차인현황	・말소기준권리:2006.05.24 ・배당요구종기:2010.02.01		보증금액 / 사글세 or 월세	대항력 여부	배당예상금액	예상배당표
이	주거용 전부	전 입 일 미상 확 정 일 2005.12.15 배당요구일 2010.02.24	보90,000,000원		전액낙찰자인수	
기타참고	☞관할 동사무소에 주민등록등재자를 조사한 바, 등재자 없음 ▶이 : 1차 2005.12.15.자 전세권등기(전세금 78,000,000), 2차계약 12,000,000 증액 [현장조사보고서]					

건물등기부	권리종류	권리자	채권최고액 (계:335,400,000)	비고	소멸여부
1	2004.04.14	소유권이전(증여)	최			
2	2005.12.15	전세권(주거용전부)	이	78,000,000원	존속기간: 2005.12.15-2007.12.15	인수
3	2006.05.24	근저당	은행	50,400,000원	말소기준등기	소멸
4	2007.06.11	근저당	저축은 행	117,000,000원		소멸
5	2007.06.11	근저당	김	90,000,000원		소멸
6	2009.05.04	압류	공단			소멸
7	2009.11.20	임의경매	저축은 행	청구금액: 104,245,885원	2009타경24891	소멸

[그림 3-10] 굿옥션을 통한 물건의 건물 등기부 내역

◉ 배당요구종기내역

목록번호	소재지	배당요구종기일
1	서울특별시 송파구 문정동 145 문정시영아파트 4동 6층 604호	2010.02.01

[그림 3-11] 대법원 경매정보의 사건 검색을 통한 물건의 문건처리 내역

3) 시·군·구청 사이트 활용하기

시·군·구청 의회 사이트를 활용하면 투자지역의 개발

계획과 진행 사항들을 미리 확인할 수 있다. 다음은 서울특별시의회 사이트를 예로 든 것이다.

① 서울특별시의회(http://www.smc.seoul.kr/) 〉 의정활동 〉 '회의록'을 클릭한다.

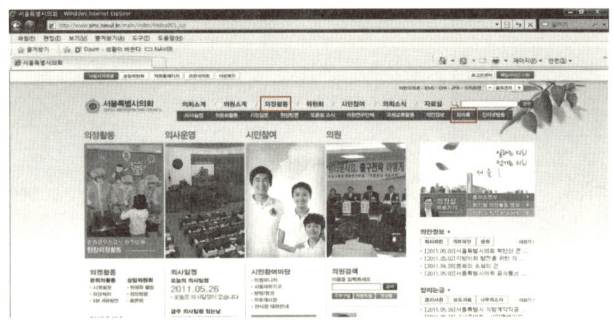

[그림 3-12] **서울특별시의회 사이트 초기화면**

② '회의록' 화면 〉 '전자회의록'을 클릭한다.

[그림 3-13] **서울특별시의회 회의록 화면**

step 3. 임장 활동 요령 익히기

③ 서울특별시의회 전자회의록 〉 '회의록 검색'을 클릭한다.

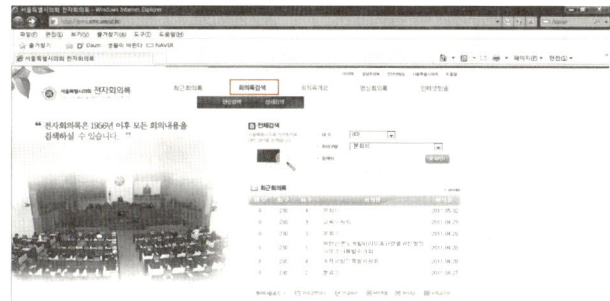

[그림 3-14] **서울특별시의회 전자회의록 화면**

④ '회의록 검색' 화면에서 회기별 회의 내용을 확인할 수 있다.

[그림 3-15] **회의록 검색 화면**

⑤ 회기별 회의 내용 목록이 나오면 클릭하여 투자하려는 지역의 개발 계획이나 진행 사항들을 체크해본다.

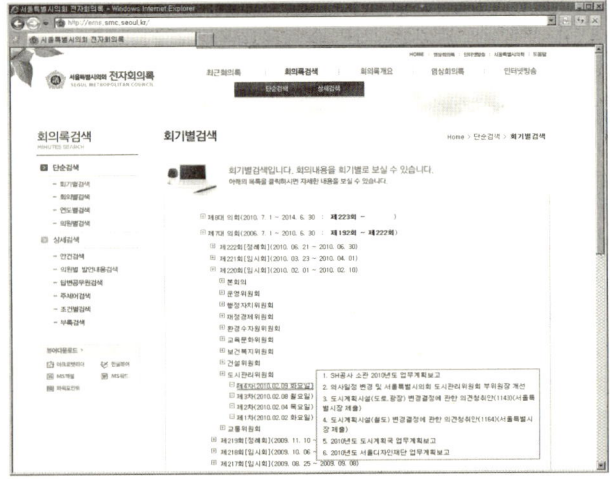

[그림 3-16] 회의록 목록

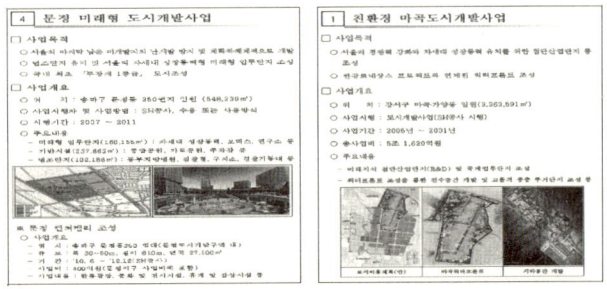

[그림 3-17] 회의록을 통해서 얻은 도시개발사업 정보

step 3. 임장 활동 요령 익히기

4) 주택국 사이트 활용하기

주택국 사이트를 이용하여, 부동산 개발계획과 정책 등을 미리 확인할 수 있다. 각 시·군·구청 주택국 사이트에서 자료실을 검색해 부동산 관련 정보를 참조하면 된다. 다음은 서울특별시의 예이다.

① 서울특별시 주택국 사이트(http://housing.seoul.go.kr/) 〉 자료실 〉 '행정 자료실'을 클릭한다.

[그림 3-18] **서울특별시 주택국 사이트 화면**

② 행정 자료실을 통해 개발 사업과 계획 자료들을 토대로 원하는 지역의 정보를 수집한다.

[그림 3-19] **행정 자료실 화면**

③ 행정 자료실 이외에도 주택국 주요업무계획과 같은 주택개발과 관련하여 영향을 미치는 사업계획에 대해서도 확인해보자.

[그림 3-20] **건축기획 화면**

step 3. 임장 활동 요령 익히기

[그림 3-21] **주요업무계획 첨부파일 다운로드**

5) 공장 입찰 시 필요한 사이트

최근에 수익형 부동산으로 아파트형 공장을 선호하여 낙찰을 많이 받는데, 2009년 8월에 산업집적활성화 및 공장설립에 관한 법률(산집법) 시행규칙이 개정되면서 아파트형 공장에 입찰에 주의가 요망된다.

즉, 이제는 산업단지(국가산업단지, 지방산업단지) 내에 위치한 아파트형 공장의 경우에 낙찰자가 직접 사업을 운영해야 하며, 임대가 불가능하다. 낙찰된 사람은 소유권 이전 후, 산업단지 관리공단(산단공)에 신고를 해야 하며, 신고를 하지 않으면 과태료가 부과되므로 불가피하게 손해를 보아야 한다.

경매를 하는 낙찰자들이 아파트형 공장을 미리 조사하지 않고 응찰하여 이러한 큰 손해를 감수해야 하는 상황이 발생하기 때문에, 산업단지가 어디에 위치해 있는가 하는 입지조건을 확인한 후, 산업단지가 아닌 지역의 물건을 낙찰 받으면 임대를 할 수도 있다. 산업단지를 확인하기 위해서는 산업단지 관리공단(www.e-cluster.net) 사이트를 이용해 정보를 확인할 수 있다.

① 산업단지 관리공단 사이트(www.e-cluster.net)

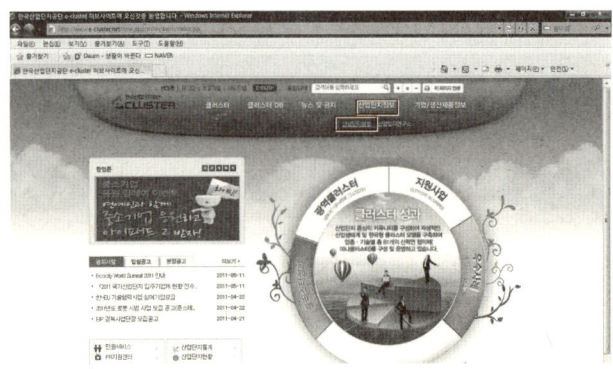

[그림 3-22] **한국 산업단지공단 사이트 메인**

② 산업단지 정보 〉 '산업단지 현황'을 클릭한다.

[그림 3-23] **산업단지 정보 화면**

③ 입찰하려는 지역을 클릭하여, 아파트형 공장이 국가산업단지나 혹은 일반(지방)산업단지 내에 있는지를 확인한다. 국가산업단지 또는 일반산업단지라면 '산집법'에 해당되므로 입찰을 피해야 하는 물건이다.

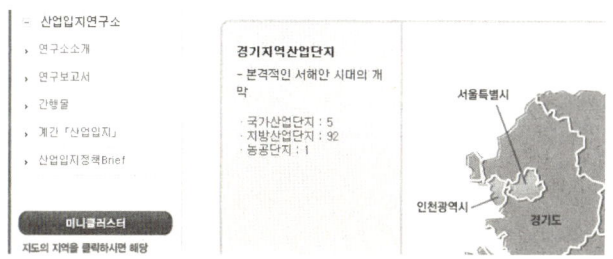

[그림 3-24] **산업단지 정보 화면**

[그림 3-25] **경기도지역의 국가산업단지, 일반산업단지, 농공단지 분포도**

step 3. 임장 활동 요령 익히기

● **국가산업단지**

(1). 반월특수지역(반월지구)	(2). 반월특수지역(시화지구)	(3). 파주출판문화정보산업단지
(4). 파주탄현중소기업전용국가산업단지		

● **일반산업단지**

(1). 가평목동일반산업단지	(2). 김포항공일반산업단지	(3). 김포 상마일반산업단지
(4). 김포 양촌일반산업단지	(5). 김포 월성일반산업단지	(6). 김포 통진(편택)일반산업단지
(7). 김포 학운일반산업단지	(8). 남양주 금곡일반산업단지	(9). 남양주 진관일반산업단지
(10). 남양주 팔야일반산업단지	(11). 동두천일반산업단지	(12). 동두천제2일반산업단지
(13). 동두천 상봉암일반산업단지	(14). 부천 오정일반산업단지	(15). 성남일반산업단지
(16). 수원일반산업단지	(17). 수원제2일반산업단지	(18). 안산 반월도금일반산업단지
(19). 안성 가등일반산업단지	(20). 안성 개정일반산업단지	(21). 안성 공도일반산업단지
(22). 안성 금산일반산업단지	(23). 안성 덕산일반산업단지	(24). 안성 동항일반산업단지
(25). 안성 두교일반산업단지	(26). 안성 무능일반산업단지	(27). 안성 미양제2일반산업단지
(28). 안성제1일반산업단지	(29). 안성제2일반산업단지	(30). 안성제3일반산업단지
(31). 안성 용월일반산업단지	(32). 안성 원곡일반산업단지	(33). 안성 첨정일반산업단지
(34). 안성 장원일반산업단지	(35). 안성 장원제2일반산업단지	(36). 양주 구암일반산업단지
(37). 양주 남면일반산업단지	(38). 양주 도하일반산업단지	(39). 양주 상수일반산업단지
(40). 양주검준일반산업단지	(41). 양주 홍죽일반산업단지	(42). 여주강천일반산업단지
(43). 여주장안일반산업단지	(44). 연천벽학일반산업단지	(45). 오산 가장일반산업단지
(46). 오산 가장제2일반산업단지	(47). 용인 덕성일반산업단지	(48). 의정부용현일반산업단지
(49). 이천 장호원일반산업단지	(50). 파주 문발제1일반산업단지	(51). 파주 문발제2일반산업단지
(52). 파주 문산첨단일반산업단지(당동지구)	(53). 파주 문산첨단일반산업단지(선유지구)	(54). 파주 신촌일반산업단지
(55). 파주 오산일반산업단지	(56). 파주 축현일반산업단지	(57). 파주금파일반산업단지
(58). 파주 월롱첨단일반산업단지	(59). 파주탄현일반산업단지	(60). 파주LCD일반산업단지
(61). 파주 축현일반산업단지	(62). 평택 어연한산업단지	(63). 평택 오성일반산업단지
(64). 평택 장당일반산업단지	(65). 평택 진위일반산업단지	(66). 평택 추팔일반산업단지
(67). 평택 칠괴일반산업단지	(68). 평택일반산업단지	(69). 평택서탄일반산업단지
(70). 평택송탄일반산업단지	(71). 평택포승제2일반산업단지	(72). 평택 한중테크밸리일반산업단지
(73). 평택 현곡일반산업단지	(74). 포천 봉화골일반산업단지	(75). 포천 신평일반산업단지
(76). 포천 양문일반산업단지	(77). 화성 마도일반산업단지	(78). 화성 발안일반산업단지
(79). 화성 장안첨단제1일반산업단지(외)	(80). 화성 장안첨단제2일반산업단지(외)	(81). 화성 팔탄(한미)일반산업단지
(82). 화성 향남제약일반산업단지	(83). 화성 화남일반산업단지	(84). 화성일반산업단지

● **농공단지**

(1). 안성 미양농공단지

[그림 3-26] **경기도지역의 국가산업단지, 일반산업단지, 농공단지 목록**

경기도는 4개의 국가산업단지와 84개의 일반산업단지, 1개의 농공단지가 있으므로 이 지역들을 피해서 응찰해야 한다.

6) 토지 입찰 시 필요한 사이트

농지, 임야 등을 입찰하기 위해서 임장을 하는 과정은 물건의 선정부터 어려움이 많이 따른다. 우선 농지가 도로에 접해 있는지, 주변의 경관은 어떠한지, 등고(登高)는 어떠한지 등 인접 주변의 입지를 미리 파악해야 한다. 이러한 정보들을 토대로 임장 여부를 결정한다면 시간과 비용을 최소화시키며, 좋은 결과를 얻을 수 있을 것이다.

최근에는 인터넷을 통한 위성지도 서비스를 이용하여 물건의 위치 등을 미리 확인할 수 있다. 많이 사용되고 있는 구글어스(http://earth.google.com/intl/ko/)의 위성지도를 이용하여 경매물건을 확인해보자.

① 먼저 입찰 진행 중인 물건의 소재지 정보를 굿옥션을 통해 확인한다.

소 재 지	경기도 시흥시 정왕동 41-10						
물건종별	농지	감 정 가	258,560,000원	\[입찰진행내용 \]			
토지면적	1616㎡(488.84평)	최 저 가	(80%) 206,848,000원	구분	입찰기일	최저매각가격	결과
건물면적		보 증 금	(10%) 20,690,000원	1차	2009-07-23	258,560,000원	유찰
				2차	2009-08-27	206,848,000원	
매각물건	토지 매각	소 유 자	조	낙찰 : 251,680,000원 (97.34%) (입찰3명, 낙찰:이 /			
사건접수	2008-03-12(신법적용)	채 무 자	조				
입찰방법	기일입찰	채 권 자	새마을금고	매각결정기일 : 2009.09.03 - 매각허가결정			

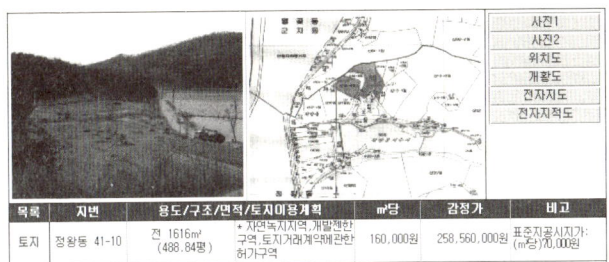

[그림 3-27] **굿옥션의 사건 검색**

② 구글어스(http://earth.google.com/intl/ko/) 사이트에서 사용동의 과정을 거쳐 구글어스를 다운로드받아 설치한다.

[그림 3-28] **구글어스 다운로드 화면**

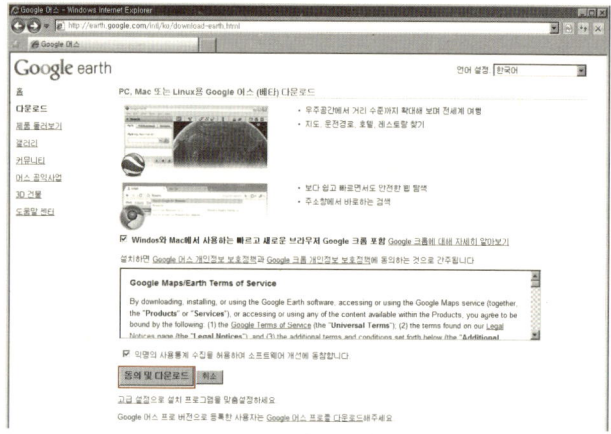

[그림 3-29] **구글어스 사용동의 화면**

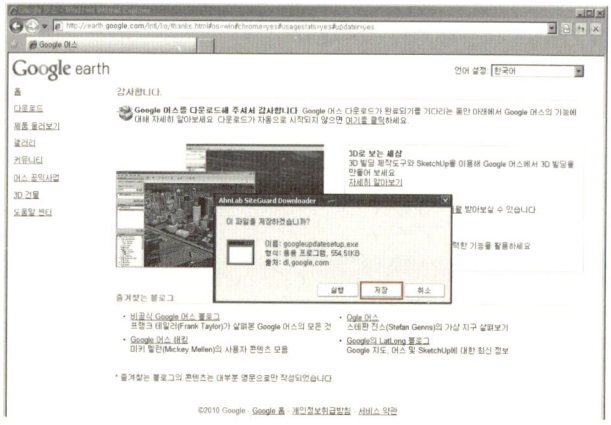

[그림 3-30] **구글어스 다운로드 화면**

③ 설치과정이 모두 끝나면 구글어스를 실행시켜 굿옥션의 검색 서비스를 통해 알게 된 해당 물건의 주소를 검

step 3. 임장 활동 요령 익히기

색하여 위성사진을 통해 인접 주변의 환경 등을 미리 파악해둔다.

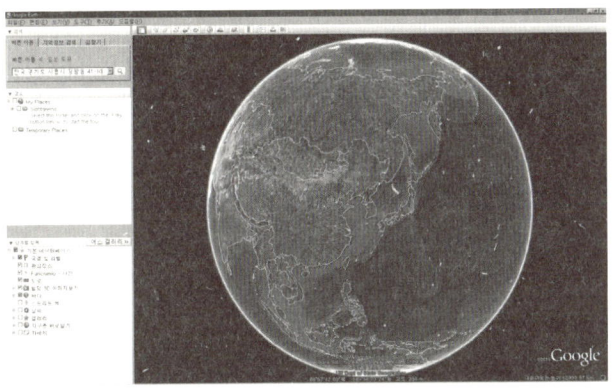

[그림 3-31] **구글어스 초기화면**

[그림 3-32] **구글어스를 통한 경기도 시흥시 정왕동 41-10번지 주변**

위성지도로 위치를 확인하였다면, 지목이 농지인 토지에 토지이용계획 사항을 온나라 사이트(www.onnara.

go.kr)를 통하여 공시지가 확인원, 지적도 등을 확인하고 제한 사항 등을 확인해본다.

④ 온나라 사이트(www.onnara.go.kr) 〉 민원열람 〉 '개별공시지가', '토지이용계획확인서'를 클릭한다.

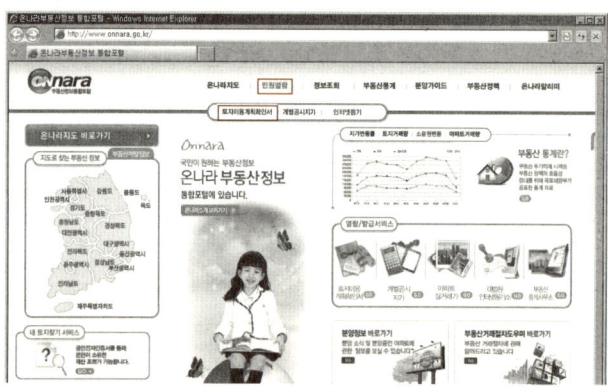

[그림 3-33] **온나라 부동산 정보 초기화면**

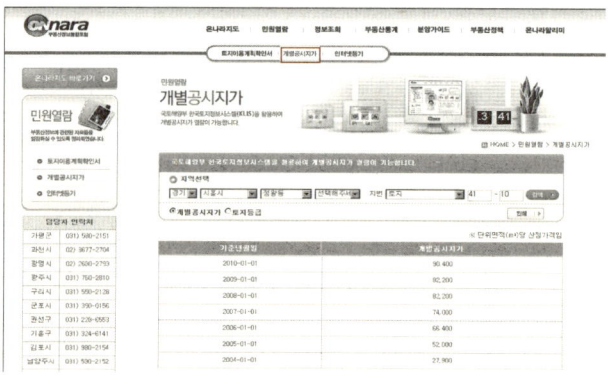

[그림 3-34] **온나라 부동산 정보 개별공시지가 화면**

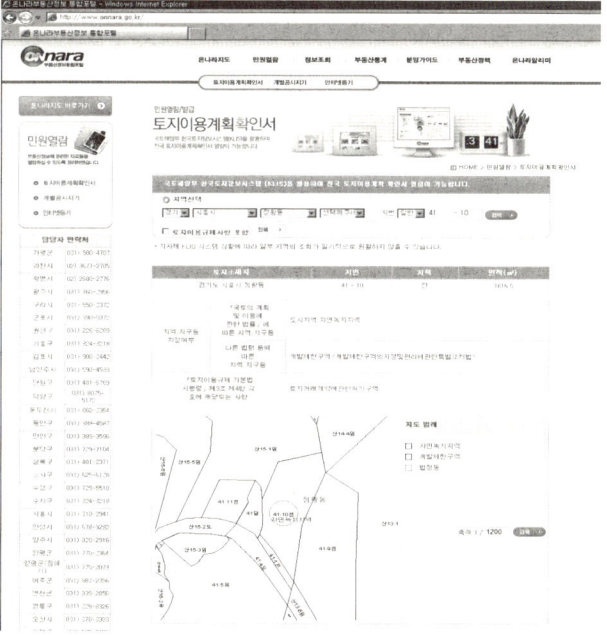

[그림 3-35] 온나라 부동산 정보 사이트 토지이용계획확인서

사례로 제공된 경기도 시흥시 정왕동 41-10번지의 공시지가는 1m^2당 90,400원이며, 토지이용계획상에는 개발제한, 토지거래허가구역, 자연녹지이다.

정왕동 41-10번지는 지적도상 맹지로 주변의 농지의 소유자도 등기부등본을 통해 확인해볼 필요가 있다.

⑤ 주변 토지 정왕동 41번지, 41-1번지를 소유자를 대법원 인터넷 등기소(www.iros.go.kr)사이트의 부동산 열

람 서비스의 소재지번으로 찾기나 지도로 찾기를 클릭해 주소를 입력한 후 확인한다.

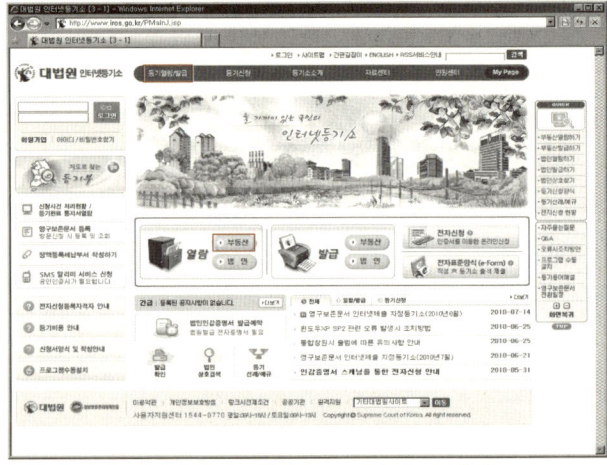

[그림 3-36] **대법원 인터넷 등기소 초기화면**

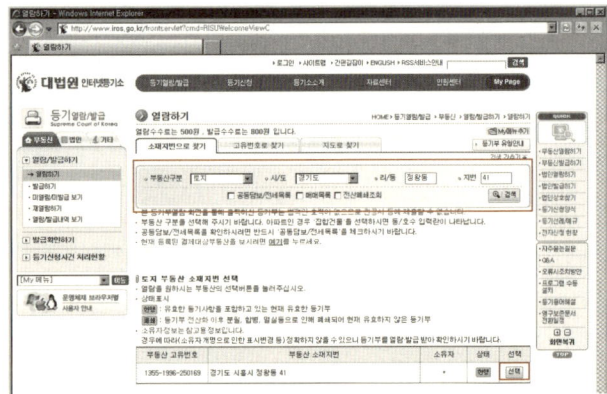

[그림 3-37] **대법원 인터넷 등기소 부동산 열람 화면**

step 3. 임장 활동 요령 익히기

부동산 고유번호	부동산 소재지번	소유자	상태	선택
1355-1996-250169	경기도 시흥시 정왕동 41	농림부	현행	선택

부동산 고유번호	부동산 소재지번	소유자	상태	선택
1355-1996-250170	경기도 시흥시 정왕동 41-1	농림부	현행	선택

[그림 3-38] **검색을 통해 확인된 물건의 소유자 정보**

41번지와 41-1번지는 소유자가 농림수산부로 되어 있는 국유재산의 토지이므로 낙찰 후에 펜스를 설치하여 사용하고 불하를 받는 방식으로 활용한다면 맹지의 약점을 활용하면서 인근 토지를 국가로부터 좀 더 저렴하게 매입할 수 있다.

41-10번지의 토지는 지적도상에서 맹지로 인근의 토지에 비하여 활용도가 낮은 물건이다. 인근의 토지가 국가의 소유가 아닌 개인 소유의 토지라면 낙찰 후에 많은 문제점이 발생하여 이용에 어려움이 따른다. 그러나 주변의 토지 41번지와 41-1번지의 토지를 응찰 전 등기부를 통하여 확인한 결과 국가 소유의 토지이므로 추후 국가로부터 매입이 가능하다.

개인의 토지라면 응찰 전에 등기부상의 소유자를 확인하여 매입이 가능한 토지인지를 확인할 필요가 있다.

임장 활동의 목적과 순서

 법원 경매에서 진행되는 물건의 유형은 여러 가지이며, 가격대, 위치, 종별이 다양하고, 여러 가지의 이해관계가 얽혀 있다. 따라서 각 물건마다 조사 시점과 방법을 달리하며 낙찰을 위한 해법을 찾아야 한다.

 몇 번의 조사로 경매의 모든 것을 알 수는 없지만 조사 방법을 잘 숙지하고 반복적으로 실행한다면 흐름을 이해할 수 있을 것이다.

 앞에서 말한 대로 경매는 달리기가 아니므로 천천히 해야 한다. 오히려 빨리 조사할수록 낙찰 받을 수 있는 확률은 줄어들기 때문에 일머리를 알고 진행한다면 어떤 물건이라도 임장 활동을 하는 데 있어서 많은 시간을 필요로 하지 않는다. 법원경매에서 임장 활동은 반드시 필요하고 물건을 눈으로 확인하지 않았다면 입찰을 포기해야 한다.

임장 활동의 목적은 물건의 현황 즉, 도로, 위치, 장래 가치 등을 고려하여 법정지상권, 유치권, 임차인의 유무를 파악하고, 연체 관리비 등의 비용을 사전에 확인하는 것과 낙찰 후 명도의 진행을 미리 숙지함과 동시에 예상되는 경쟁자를 판단하기 위한 것이다.

임장의 순서는 물건확인 → 관리사무소 방문 → 부동산 중개업소 방문 → 동사무소 방문 순으로 진행한다.

이후의 세부적인 사항에 대해서는 다음 장에서 자세히 다루기로 한다.

Seven Days Master Series

step 4

물건 유형별 조사방법과 타이밍

아파트·오피스텔·다세대 임장 요령

1) 아파트의 임장 요령

① 2010년 4월 26일 입찰 하루 전 오전 10시

수도권에 위치한 아파트라면 보통 입찰일 하루 전에 임장을 한다. 시세는 언제든 확인이 가능하지만 중요한 것은 경쟁자를 파악하는 일이다.

임장을 위해 현장으로 출발하기 전에 대법원 경매 사이트 굿옥션(http://www.goodauction.co.kr/)을 통해 물건의 취하, 변경 여부를 확인하고, 부동산 사이트 등을 통해서 대략적인 시세를 확인한다.

국토해양부의 아파트 실거래가(http://rt.mltm.go.kr/)를 확인해 최근에 거래된 세대와 가격을 미리 파악하고, 물건의 위치와 주민센터의 위치를 숙지한다.

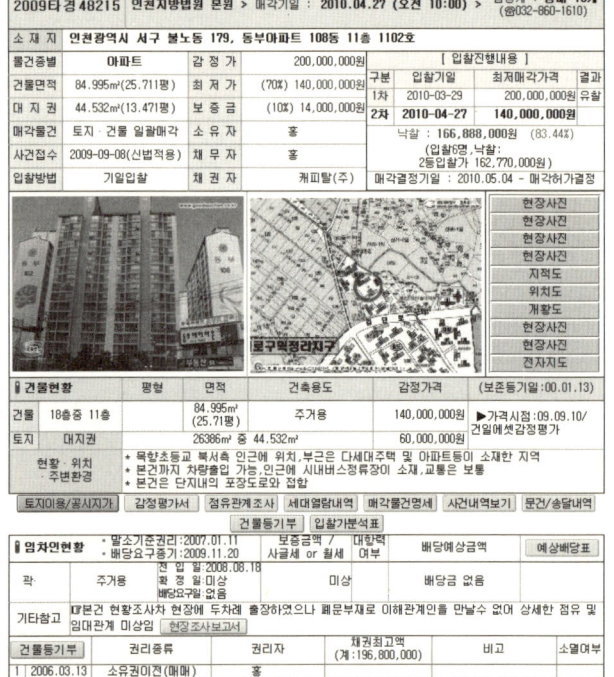

[그림 4-1] **대법원 경매 사이트 굿옥션의 사건 검색 내용**

단지	번지	전용면적(㎡)	거래건수합계	2010.04		2010.05		2010.06	
				계약기간	거래금액(층)	계약기간	거래금액(층)	계약기간	거래금액(층)
동부	179	85	2	4.1~4.10	18,500(8)				
				4.11~4.20	18,000(2)				

[그림 4-2] **국토해양부 아파트 실거래 검색 내용**

step 4. 물건 유형별 조사방법과 타이밍

	09-24011 아파트	4	인천광역시 서구 불로동 372, 퀸스타운갈훈아파트 305동 4층 404호	200,000,000 140,000,000 177,100,000	낙찰 (70%) (89%)	2010-03-11 (10:00)
	09-56643 아파트		인천광역시 서구 불로동 불로지구 5l블럭1롯트 외 1필지, 삽보해피하임 501동 4층 404호 [불로동 삽보해피하임 501동 404호 34.52평 / 대지권미등기이나감정가격포함평가됨]	400,000,000 280,000,000 285,000,000	낙찰 (70%) (71%)	2010-03-05 (10:00)
	09-49409 아파트	14	인천광역시 서구 불로동 312-2 외 2필지, 퀸스타운신명아파트 106동 10층 1004호 [불로동 퀸스타운신명아파트 106동 1004호 40.83평]	330,000,000 231,000,000 254,100,000	낙찰 (70%) (77%)	2010-02-01 (10:00)
	09-42750 아파트		인천광역시 서구 불로동 312-2 외 2필지, 퀸스타운신명아파트 105동 6층 603호 [불로동 퀸스타운신명아파트 105동 603호 25.71평]	210,000,000 147,000,000 175,300,000	낙찰 (70%) (83%)	2010-01-28 (10:00)
	09-45599 아파트		인천광역시 서구 불로동 179, 동부아파트 104동 16층 1602호 [불로동 동부아파트 104동 1602호 25.71평]	220,000,000 154,000,000 187,300,000	낙찰 (70%) (85%)	2010-01-20 (10:00)

[그림 4-3] 굿옥션의 인천 서구 불로동 아파트 낙찰 사례

② 2010년 4월 26일 오후 2시 아파트 방문

물건지로 출발해 3시에 불로동 동부아파트에 도착, 아파트의 108동 1102호로 올라가려니 자동문이어서 관리실을 호출해 문을 열고 입구의 우편함에 우편물이 임차인의 이름으로 된 우편물인지를 확인하고 올라가 아파트의 조망과 향을 확인했다.

관리실로 이동해 담당 여직원에게 해당 호수의 관리비 연체를 문의했다. 경매 사이트에서 조사한 40만 원보다 많은 60만 원 정도의 관리비가 연체되었고, 여직원에게 관리비 연체로 문의한 사람이 몇 명인지를 물어보았다.

"관리비 물어보는 사람이 많아요? 10명 정도 되나요?"라고 유도 질문을 해보니 "10명은 안 된다"라고 했다. 다시 "그럼, 5명은 넘나요?"라고 물으니 "그 정도는 된다" 하면서 오전에도 1명이 방문해서 문의했다고 한다.

관리실 직원들은 몇 명이냐고 구체적으로 물으면 대부분 답변을 회피하는 경우가 많으므로, 위와 같은 식으로 유도 질문을 통해 답변을 얻는 것이 훨씬 효과적이다. 경쟁자는 5~7명 정도라고 파악할 수 있다. 관리실 전화번호는 반드시 메모를 하도록 한다.

관리비의 연체 미납 개월 수와 납부되지 못한 이유도 문의해 정보를 얻을 필요가 있다.

③ 부동산 중개업소 방문

보통 단지 내에는 부동산 중개업소가 3~4군데 정도 있다. 중개업소를 방문할 때는 먼저 정중하게 인사를 하도록 하며, 경매 때문에 방문했다고 미리 말한다(이는 필자의 습관이기도 하다).

그리고 준비해온 경매자료를 중개업소 사장님에게 보여주며, 도움을 청한다. 요즘은 중개업소에서 경매 나온 물건을 미리 알고 있기에 일반 매물을 보러 온 손님처럼 행동했다간 오히려 불이익을 당하거나 욕을 보는 경우가 있다.

솔직하게 경매물건 때문에 시세를 확인하러 왔음을 사전에 밝힌다면 자세하게 시세를 확인할 수도 있고, 설사 제대로 알려주지 않는다고 하더라도 다른 중개업소를 찾으면 된다는 마음가짐으로 시세를 확인하면 된다.

중개업소 사장님과 적어도 10분 이상의 대화를 나눌 준비를 해야 한다. 최근 아파트의 거래는 어떤지, 그리고 분위기를 물어보고, 이 지역의 좋은 점과 어려운 점, 최근 거래한 아파트의 시세, 매도자의 호가, 현재 거래 가능한 가격, 전세가격 등을 문의하며, 경매물건 때문에 시세를 확인하는 사람이 어느 정도 있었는지 관리실에서 물어본 것처럼 확인한다.

108동 물건을 문의하니 "최근에 거래는 없는데 시세를 물어보는 사람이 좀 있다"라고 해 몇 명 정도인가를 물으니 "7~8명 정도 된다"라는 대답이 돌아왔다. 그리고 시세는 2억 원 정도인데 그 가격에는 거래가 안 되는 형편이고 거래 가능한 가격은 1억 8,000만~1억 8,500만 원선이라 한다.

감사하다는 인사를 드리고 명함을 받아 다른 중개업소로 갔다. 다른 중개업소에서도 비슷한 질문과 답을 얻었다. 3군데 정도의 중개업소를 반드시 방문해야 정확한 시세를 확인할 수 있다.

④ 4시 정도에 주민센터 방문

주민센터를 방문해 세대열람을 한다. 요즘은 경매 사이트에서 주민등록 세대열람을 미리 확인해 올리고 있으나 그래도 주민센터를 방문해 세대열람을 다시 확인하기 바란다.

만일 세대합가 또는 다른 미상의 누군가가 전입했는지 확인이 반드시 필요하다. 경쟁자 파악을 위해서도 조금의 번거로움은 감수해야 한다.

주민등록 세대열람 신청서를 작성하고, 준비한 대법원 경매사건 내역과 신분증을 담당자에게 제출한다. 세대열람 내역이 나오면 담당 직원에게 경매사건으로 문의한 사람들이 있는지를 다시 확인한다(세대열람 비용 300원).

주소 : 인천광역시 서구 불로동 (일반사선) 동부아파트 108-1102

순번	세대주성명	전입일자 거주상태	최초전입자	전입일자 거주상태	동거인수	동거인사항
						순번 성 명 전입일자 거주상태
		주 소				
1	곽	2008-08-18 거주자	곽	2008-08-18 거주자		
	인천광역시 서구 불로동 173 (5/8) 동부아파트 108-1102					

[그림 4-4] 주민센터에서 발급받은 세대열람 내역

⑤ 임장 결과

 본건의 권리분석 내역은 등기부상의 기준권리는 2007년 1월 11의 페닌슐라 캐피탈의 근저당으로 임차인의 전입일자는 2008년 8월 16일로 대항력 없는 후순위 임차인이다.

 페닌슐라 캐피탈이라면 금리가 높은 제2금융권으로 채권액이 1억 9,600만 원이기 때문에 시세보다 채권액이 많아 취하 가능성은 없어 보인다.

 본건의 시세는 1억 8,000~1억 8,500만 원이나 층수를 고려해 1억 8,500만 원으로 책정했고, 전세는 8,000만 원 정도로 확인했다.

 관리비 연체는 60만 원이지만 낙찰 후 늘어날 것을 예상해서 100만 원으로 책정했다.

 임차인이 후순위이나 확정과 배당요구를 하지 않아 배당을 받을 수 없으므로 명도 비용 300만 원 정도를 예상해야 한다. 명도비용은 대략 평형 대비 10만 원 정도를 책정한다면 무리는 없다.

 다음으로 대출을 확인한다. 낙찰가의 80%, 금리는 5.7% 중도 상환 수수료가 있는지, 그리고 신협, 새마을금고, 농협인지를 확인한다.

관리실, 중개업소, 주민센터를 방문하면서 관리비 연체와 시세, 세대열람을 확인한다. 변수는 예상되는 경쟁자 파악이다. 본건은 예상되는 경쟁자가 5~8명 정도이다.

2) 다세대 임장 요령

① 2009년 5월 4일 입찰 2일 전

5월 5일은 공휴일이기에 미리 임장을 준비한다. 서교동은 합정동 전략정비구역과 망원동 인근에 위치해 있어서 당시 서부법원에서는 낙찰가가 높은 지역 중에 한 곳으로, 경쟁률이 치열하고 최근에 진행된 경매 물건이 많지 않은 지역이다. 법원 경매 사이트를 통해 최근의 낙찰가

2008타경20030	서울서부지방법원 본원 > 매각기일 : 2009.05.07 (오전 10:00) >			담당계 : 경매 3계 (☎02-3271-1323)	
소 재 지	서울특별시 마포구 서교동 442-34, 영성빌라 3층 402호				
물건종별	다세대(빌라)	감 정 가	190,000,000원	[입찰진행내용]	
건물면적	46㎡(13.915평)	최 저 가	(80%) 152,000,000원	구분	입찰기일	최저매각가격	결과
대 지 권	22.32㎡(6.752평)	보 증 금	(10%) 15,200,000원	1차	2009-03-31	190,000,000원 유찰
매각물건	토지·건물 일괄매각	소 유 자	우	2차	2009-05-07	152,000,000원
사건접수	2008-12-17(신법적용)	채 무 자	우	낙찰 : 178,690,000원 (94.05%) (입찰8명, 낙찰:	
입찰방법	기일입찰	채 권 자	신용보증기금	매각결정기일 : 2009.05.14 - 매각허가결정	

와 경쟁자를 파악해보니 낙찰가는 100% 이상으로 높고 경쟁자들이 10여 명 이상인 지역이다.

[그림 4-5] 굿옥션의 사건 검색 내용

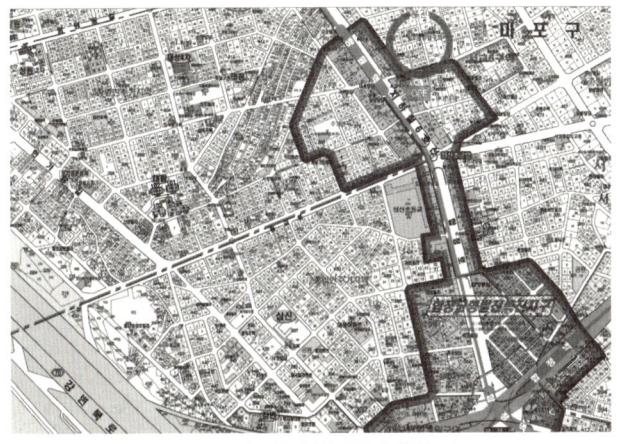

[그림 4-6] **서교동과 합정동의 인근 지도**

	09-163 다세대(빌라)	7	서울특별시 마포구 서교동 384-22, 다세대주택 1층 101호 [서교동 다세대주택 101호 24.99평]	270,000,000 270,000,000 280,500,000	낙찰 (100%) (104%)	2009-05-07 (10:00)
	08-11890 다세대(빌라)	7	서울특별시 마포구 서교동 375-20, 미성가든 1층 202호 [서교동 미성가든 202호 11.06평]	140,000,000 112,000,000 119,800,000	낙찰 (80%) (86%)	2008-12-17 (10:00)
	08-5093 다세대(빌라)	7	서울특별시 마포구 서교동 247-68 외 1필지, 로드빌라 지하층 02호 [서교동 로드빌라 02호 14.24평]	160,000,000 128,000,000 128,530,000	낙찰 (80%) (80%)	2008-11-18 (10:00)
	07-17716 다세대(빌라)	6	서울특별시 마포구 서교동 247-68 외 1필지, 로드빌라 지하층 01호 [서교동 로드빌라 01호 14.24평]	80,000,000 80,000,000 163,300,000	낙찰 (100%) (204%)	2008-07-24 (10:00)
	08-1558 다세대(빌라)	3	서울특별시 마포구 서교동 473-45, 다세대주택 4층 401호 [서교동 다세대주택 401호 15.72평]	150,000,000 150,000,000 231,110,000	낙찰 (100%) (154%)	2008-07-22 (10:00)

[그림 4-7] **굿옥션의 서교동과 합정동 다세대 낙찰 사례**

② 2009년 5월 4일 오후 2시

지하철을 이용해 임장을 했다. 물건은 지하철 6호선 1번 출구에서 지도상으로 200미터 인근에 위치해 있어서 거리를 확인하기 위해 지하철을 이용했다. 1번 출구로 나와 도보로 4분 정도 거리에 있었고 역세권에 위치한 물건이었다.

다세대 물건은 아파트와 달리 관리실이 없어, 공과금 연체 등의 내역을 확인하기에 어려움이 있어 입구에서 우편함을 열어 우편물이 있는지를 확인했다.

[그림 4-8] **다세대 물건의 연체 내역 조사를 위한 한국전력공사의 고지서**

우편물을 확인하고 건물의 내부 구조를 확인하려고 3층으로 임차인을 만나려고 올라가보니 낮 시간이어서 임차인은 부재중이었다.

아래층으로 내려오는데 다른 세대에 문이 열려 있어서 양해를 구하고 내부 구조를 확인한 뒤, 402호의 전기 계량기가 작동하는지, 도시가스 밸브는 열려 있는지를 확인했다.

만일 도시가스 지역관리소에서 밸브를 잠그고 봉인을 한 상태라면 언제부터 얼마나 연체가 되었는지 확인해야 한다. 전기 계량기가 철거된 상태라면 공실일 가능성이 있으므로 주변의 다른 세대를 통해 공실인지를 확인한다. 만일 공실이라면 이사는 갔는지, 짐은 있는지 확인이 필요하다. 짐이 있는 상태에서 공실이라면 명도에 상당한 어려움이 예상되기 때문이다.

다세대의 경우 주차장 유무에 따라서 전세 가격이 1,000만 원 정도 차이가 있기 때문에 주차가 가능한지도 확인이 필요하다. 건물의 내부 상태도 점검이 필요한데, 누수나 건물의 갈라짐이 있는지 등 건물의 상태도 확인이 필요하다.

③ 부동산 중개업소 방문

인근 부동산 중개업소를 방문해 경매물건임을 밝히고 시세를 문의하면서 최근의 분위기를 파악해보니, 가격이 오르는 시점이라 매물이 많지 않고, 5월이라 이사철도 지나 거래는 없다고 했다.

최근 경매물건으로 방문자가 많고, 오늘도 경매물건이라 밝히지 않으면서 문의를 하는 사람이 4~5명 정도 된다고 했다.

다세대의 경우 임장을 하면 시세를 정확히 파악하기가 쉽지 않다. 보통 다세대의 시세는 아파트처럼 획일적인 물건이 아닌 경우가 많고 단지로 형성되어 있지도 않다. 그리고 물건마다 구조와 위치, 준공년도 등이 달라 시세가 같은 물건이라 하더라도 중개업소의 평가가 각양각색이다. 때문에 중개업소를 적어도 5군데 이상 방문하기를 권한다.

중개업소에서는 시세가 아파트와 달리 1억 8,000만~1억 9,000만 원 정도한다고 했다. 어떤 것이 과연 정확한 시세인지 결정하는 것은 입찰자의 몫이 된다. 그래서 중개업소를 방문하기 전에 현장에서 물건을 먼저 파악하고 시세를 확인하는 것이 순서이다.

물건이 층수가 몇 층이고, 향은 어떤지, 준공년도, 주차장 여부, 건물의 구조를 미리 확인해야만 중개업소에서 말하는 시세를 평가할 수 있기 때문이다. 다세대의 경우 중개업소의 시세를 바탕으로 나름대로 응찰자가 감정을 해야 한다.

다세대의 경우 감정평가를 의뢰받은 감정평가사들은 1~2군데 부동산을 통해 고민 없이 감정평가를 해서 법원에 제출하기 때문에 정확한 감정이나 시세라고 보기 어렵다. 또한 감정평가의 시점과 입찰 시점과는 6개월 정도의 시차가 있으므로 응찰자의 판단이 중요하다.

중개업소에서 높은 가격으로 시세를 말한다 하더라도, 응찰자 본인이 판단해 층수나 건물의 하자 부분이 있다면 알아서 평가를 해야 낙찰 후에도 후회하지 않는 물건이 될 것이다.

다세대의 시세 파악은 훈련과 인내가 필요하다. 적어도 3군데 이상의 중개업소를 방문하도록 하고, 본인이 해당 물건의 시세를 이해할 수 있을 정도까지 중개업소 방문을 훈련한다면, 추후 다른 물건을 입찰할 때도 많은 도움이 될 것으로 본다.

④ 주민센터 세대열람

서교동 주민센터로 이동해 세대열람을 했다. 최근에는 많은 주민센터가 번호표를 뽑아서 민원을 처리하는 통합형으로 바뀌면서 예전과는 달리 세대열람 담당자의 구분이 없어져서 경쟁자 파악이 어려운 실정이다. 그래도 세대열람은 반드시 필요하다.

세대열람 결과 임차인의 전입일자는 법원의 기록과 마찬가지로 2007년 7월 3일이다.

⑤ 임장 결과

본건의 임장 결과 임차인은 등기부상의 기준권리인 2002년 7월 3일보다는 전입일자가 늦은 후순위 임차인이나 확정일자로 순위배당이 가능해 8,500만 원을 전액 배당받을 수 있어 별도의 명도비용은 없다.

시세는 중개업소에서 1억 8,000만~1억 9,000만 원을 말하지만 망원역과의 거리와 층수 등 여러 가지를 고려해 1억 9,000만 원으로 고정했다.

경쟁자들은 중개업소가 많은 지역의 특성상 파악한 경쟁자들보다 많을 것으로 예상되어 7명 이상으로 판단했다.

그리고 전기 및 도시가스 관리소에 연락해 연체 여부를 확인했다.

3) 오피스텔 임장 요령

① 오피스텔의 입찰 중개업소를 먼저 방문

2007년만 하더라도 투자자들은 오피스텔에 관심조차 없었고 오피스텔은 애물단지였다. 하지만 2008년, 2009년 해를 거듭할수록 오피스텔의 인기는 상승하고 있다.

왜 오피스텔이 선호 물건이 되었는지는 인터넷 검색을 통해서도 알 수 있는데, 수요와 공급의 법칙에 따라 한때 공급이 넘치던 오피스텔이 어느 순간 더 이상 공급이 없는 상황이 되어서 지금은 임대 수익형 물건 중 최고의 자리를 차지하게 된 상황이다.

이 물건의 입찰일자는 2009년 6월 30일인데 5월 25일쯤에 이 물건을 발견했지만 아직 시간이 많이 남은 물건이다. 다행스럽게도 의왕 내손동의 오피스텔은 여러 번 낙찰을 받으면서 주변의 부동산을 통해 임대를 의뢰해 주변의 부동산과 친밀한 관계가 있어서 큰 무리가 없는 물건이다. 중요한 것은 신건에 입찰을 결정해야 하는 상황이다.

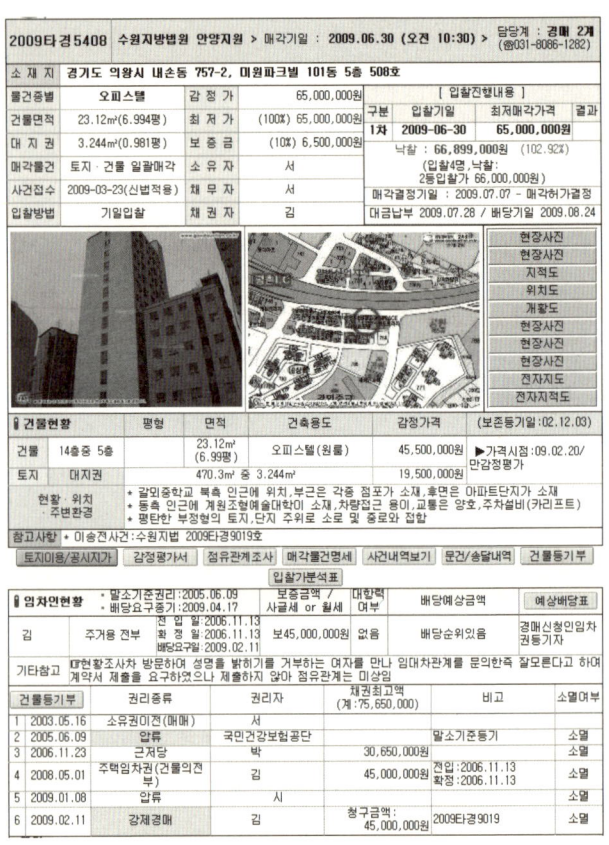

[그림 4-9] **굿옥션의 사건 검색 내용**

오피스텔의 가장 중요한 포인트는 시세차익이 아니라 수익률이다.

5,000만~6,000만 원 하는 오피스텔에서 매매차익을

얼마를 기대할 수 있겠는가? 오피스텔은 신건부터 수익률을 조사해서 예상 수익률(12~15%)이 나온다면 신건이라도 응찰을 해야 한다.

서울, 수도권의 오피스텔은 평균적으로 보증금/월 임대료가 1,000만 원/50만 원, 500만 원/45만 원 정도이다. 내손동의 중개업소를 통해 확인하니 500만 원/45만 원의 임대료가 가능하고, 시세는 6,500만 원 정도이고, 감정가도 6,500만 원이다.

6,500만 원에 입찰을 한다면 융자를 80% 받고 이자가 6.5% 정도이니 수익률은 15.7% 정도이다. 신건에 응찰을 한다는 것이 일반적인 물건에서는 무리가 있으나 수익률을 본다면 당연히 응찰을 할 물건으로 판단이 된다.

입찰을 결정하고 임장을 하기 위해 내손동으로 출발했다. 인근에 임대를 부탁하던 부동산 중개업소를 방문해 시세를 다시 확인했다. 중개업소에서는 그동안 문의한 사람이 2~3명 정도 있었고, 현재의 임차인이 스스로 중개해서 임대를 놓았다면서 임차인에 대한 이야기와 명도에 어려움이 없을 것이라는 이야기를 해주었다.

오피스텔은 임대수익형의 물건으로 가장 우선되는 부분이 회전율과 공실률이다. 회전율은 높고, 공실률이 낮다면 리스크를 최대한 줄일 수 있고, 수익률을 유지할 수 있는 물건이다.

인근에 있는 계원예술대학과 평촌 학원가의 외국인 강사들, 그리고 군포, 안양에 있는 공단 근로자들의 수요로 공실률이 낮고 회전율이 높아 안정적인 물건이다.

② 관리사무소 방문

시세 확인 후에 관리사무소를 방문해 임차인의 관리비 연체를 확인했다. 연체는 없었고, 관리비를 문의한 경쟁자가 있는지를 알아보니 2명 정도라고 했다.

임차인이 선순위 임차인이고 경매 신청권자인 경우에 관리비는 큰 문제가 되지 않는다. 임차인이 배당을 받기 위해 명도확인서를 요구하는 과정에서 관리비가 연체되었다면 명도확인서를 전달할 낙찰자는 없기 때문에 연체 여부는 큰 문제가 아니다.

③ 주민센터 세대열람 생략

앞의 사건들에서 주민센터 세대열람을 반드시 하라고 했지만, 본건의 경우 등기상의 임차인이 임차권등기를 해서 임차인의 주민등록 전입일자를 등기부등본을 통해 확인할 수 있기 때문에 주민센터에서 세대열람을 하지 않았다.

그래도 이 책을 보시는 독자는 반드시 세대열람을 하고, 경쟁자를 파악하기 바란다.

6	주택임차권	2008년5월1일 제8459호	2008년4월7일 수원지방법원의 임차권등기명령(2008카기823)	임차보증금 금46,000,000원 범 위 건물의전부 임대차계약일자 2006년 10월 23일 주민등록일자 2006년 11월 13일 점유개시일자 2006년 11월 13일 확정일자 2006년 11월 13일

[그림 4-10] **임차인의 등기부등본**

④ 임장 결과

본건의 시세는 6,500만 원이며, 임대료는 보증금 500만 원/월 45만 원이며, 공실은 없다. 회전율은 일주일 안에 임차인이 맞출 수 있고, 임차인은 전액배당을 받을 수 있어 별도의 비용 없이 명도가 가능하다. 예상 경쟁자는 2~3명 정도로 파악되고, 대출은 낙찰가의 80%, 금리 6.5% 정도로 낙찰가를 산정할 수 있다(금리는 변동이 있으므로 사전 확인).

☐	08-56506 오피스텔	11	경기도 의왕시 내손동 755-2, 미원파크빌 201동 5층 511호 [내손동 미원파크빌 201동 511호 7.37평]	52,000,000 41,600,000 54,085,000	낙찰 (80%) (104%)	2009-06-01부터 2009-06-08까지 2009-06-15
☐	07-48911 오피스텔	13	경기도 의왕시 내손동 739-4, 성삼아이비즈오피스텔 10층 1003호 [내손동 성삼아이비즈오피스텔 1003호 7.5평]	57,000,000 57,000,000 58,590,000	낙찰 (100%) (103%)	2009-04-07 (10:30)

[그림 4-11] **굿옥션의 내손동 오피스텔 낙찰 사례**

요율표	입찰예가	부대비용					합계	임대보증금	연임대료	대출금	대출이자	수익률
		세금	명도비용	수수료	소계	비율						
104%	67,600,000	5,070,000	0	0	5,070,000	7.50%	72,670,000	5,000,000	5,400,000	54,080,000	3,515,200	13.9%
103%	66,950,000	5,021,250	0	0	5,021,250	7.50%	71,971,250	5,000,000	5,400,000	53,560,000	3,481,400	14.3%
102%	66,300,000	4,972,500	0	0	4,972,500	7.50%	71,272,500	5,000,000	5,400,000	53,040,000	3,447,600	14.8%
101%	65,650,000	4,923,750	0	0	4,923,750	7.50%	70,573,750	5,000,000	5,400,000	52,520,000	3,413,800	15.2%
100%	65,000,000	4,875,000	0	0	4,875,000	7.50%	69,875,000	5,000,000	5,400,000	52,000,000	3,380,000	15.7%

[그림 4-12] **입찰 계산표**

상가·주택·토지 임장 요령

1) 상가 임장 요령

① 입찰 준비

아래의 상가 물건은 인천법원에서 진행하는 물건으로 가감율이 30%로 3회 유찰되어 감정가 대비 34%에 진행되는 유치권이 있는 근린상가 물건이다.

인천법원에 유치권이 신고된 물건이나 매각물건 명세서를 참조하면 "유치권신고 있음 - 2006.11.17. 유치권신고서(광일종합건설, 신고액: 1,715,950,000원)가 접수되었으나, 서울고등법원 2008나4263호 유치권 부존재 확인의 조정에 갈음하는 결정조서(유치권 부존재)로 종결되었음"으로 유치권에 관한 결정문을 확인한다면 응찰을 준비할 수 있는 물건으로 판단이 된다.

유치권은 건물 공사대금으로 공사한 업자가 건물의 점유로 낙찰자에게 대항하는 권리로 유치권이 신고된 물건은 낙찰가가 현저히 낮아지고 일반 응찰자들이 기피하는 물건이다.

[물건요약: 원당동 연세크리닉 상가 103호,104호 30평 / 유치권신고]

2006타경62739	인천지방법원 본원 > 매각기일 : 2009.07.03 (오전 10:00) >			담당계 : 경매 3계 (☎032-860-1603)		
소재지	인천광역시 서구 원당동 원당지구 7l블럭3롯트, 연세크리닉 상가 1층 103호,104호					
물건종별	근린상가	감정가	870,000,000원	구분	입찰기일	최저매각가격	결과
건물면적	100.89㎡(30.519평)	최저가	(34%) 298,410,000원		2007-02-28	870,000,000원	변경
				1차	2009-04-03	870,000,000원	유찰
대지권	66.04㎡(19.977평)	보증금	(10%) 29,850,000원	2차	2009-05-04	609,000,000원	유찰
				3차	2009-06-03	426,300,000원	유찰
매각물건	토지·건물 일괄매각	소유자	산업개발(주)	4차	2009-07-03	298,410,000원	
사건접수	2006-07-13(신법적용)	채무자	김	낙찰 : 378,790,000원 (43.54%) (입찰3명, 낙찰: / 2등입찰가 347,000,000원)		
입찰방법	기일입찰	채권자	협	매각결정기일 : 2009.07.10 - 매각허가결정 대금납부 2009.08.06 / 배당기일 2009.09.07		

건물현황	평형	면적	건축용도	감정가격	(보존등기일:05.12.23)
1	원당동 원당지구 7l블럭3롯트		54.69㎡ (16.54평)	상호" 갈비"	135,000,000원	◆ 103호
2	원당동 원당지구 7l블럭3롯트		46.2㎡ (13.98평)	상호" 갈비"	294,000,000원	◆ 104호

토지현황		대지권의 목적인 대지	감정가격	▶가격시점:06.07.22/ 종일감정평가
1	원당동 원당지구 7l블럭3롯트	임야	1521㎡ 중 35.8㎡	315,000,000원	◆ 103호
2	원당동 원당지구 7l블럭3롯트	임야	1521㎡ 중 30.24㎡	126,000,000원	◆ 104호

현황·위치 주변환경	◆ 원당택지개발지구내에 위치 ◆ 부근은 동류형의 중대규모의 근린시설등이 밀집하는 노선상가대로 현성
참고사항	◆ 2006타경62746(병합)/다원감정원,가격시점:2006.08.01 ◆ 103,104호 경계구분없이 일체로 사용되고 있음/대지권의 목적인 토지는 환지예정지로서 권리면적 336.2㎡, 환지면적은 544.3㎡로 청산금의 발생여지 있음 ◆ 귀제시목록상 지목은 '임야'이나 현황 '대'임 ◆ 2009.3.20.일자로 9계에서 3계로 이관

| 감정평가서 | 감정평가서 2 | 점유관계조사 | 매각물건명세 | 사건내역보기 | 문건/송달내역 | 건물등기부 |

임차인현황		* 말소기준권리:2005.12.23 * 배당요구종기:2007.01.08		보증금액 / 사글세 or 월세	대항력 여부	배당예상금액	예상배당표
배	점포 전부	사업자등록:2006.06.21 확 정 일:미상 배당요구일:2006.07.28		보50,000,000원 월3,410,000원	없음	배당금 없음	*환산보증금: 39,100만원

건물등기부		권리종류	권리자	채권최고액 (계:6,231,563,442)	비고	소멸여부
1	2005.12.23	소유권보존	산업개발(주)			
2	2005.12.23	근저당	협	340,000,000원	말소기준등기	소멸
3	2005.12.29	근저당	산업개발(주)	540,000,000원		소멸
4	2006.01.09	가압류	윤	130,000,000원		소멸
5	2006.01.19	가압류	차	630,000,000원		소멸
6	2006.01.31	가압류	건설	1,314,788,100원		소멸
7	2006.02.27	가압류	한 , 손	501,000,000원		소멸
8	2006.03.02	근저당	산업개발(주)	1,000,000,000원		소멸
9	2006.03.31	가압류	정	300,000,000원		소멸
10	2006.04.21	가압류	한	70,000,000원		소멸
11	2006.05.18	가압류	저축은행	1,000,000,000원		소멸
12	2006.06.07	가압류	신협	405,775,342원		소멸
13	2006.07.21	임의경매	축협	청구금액: 257,000,000원	2006타경62739	소멸
14	2006.11.14	압류	서구			

기타사항	☞ 제103호 집합건물등기부상
주의 사항	☞유치권신고 있음-2006.11.17. 유치권 신고서(광일종합건설, 신고액:1,715,950,000원)가 접수되었으나, 서울고등법원 2008나4263호 유치권부존재확인의 조정에 갈음하는 결정조서(유치권 부존재)로 종결되었음 ☞관련사건내역:수원지방법원 2007가합4441 민사본안

[그림 4-13] 굿옥션의 사건 검색 내용

그러나 본건은 유치권의 부존재를 갈음하는 결정조서로 종결이 되어 유치권에 관한 결정 조서를 보고 판단해 입찰을 준비할 수 있다.

② 결정문 받기

서울고등법원 2008나4263호 유치권 부존재 확인의 조정에 갈음하는 결정조서를 확인해 판단한다면, 오히려 일반 응찰자들의 경쟁을 피하면서 낮은 가격으로 낙찰을 받을 수 있는 물건이기도 하다. 유치권 신고자로 인해 수혜를 입을 수 있는 고마운 물건이다.

대법원 사이트(http://scourt.go.kr) 〉 참여광장 〉 '판결

문제공신청' 화면에서 '판결문제공신청'을 통해 입찰 7일 전부터 준비가 필요하다.

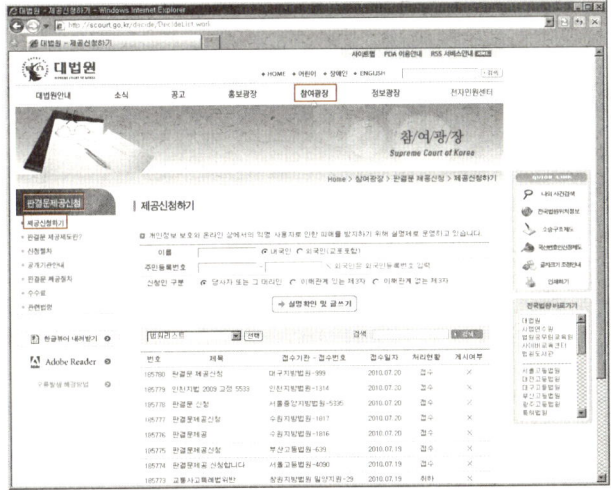

[그림 4-14] 대법원 사이트 〉 참여광장 〉 판결문제공신청

[그림 4-15] 해당 물건의 판결문 '제공신청하기'

서울고등법원
제13민사부
조정에 갈음하는 결정조서

사 건   2008나4263   유치권부존재확인
[제1심 사건 : 수원지방법원 2007. 11. 23. 선고 2007가합4540 판결]

다. 피고가 위 나항 기재 사항을 모두 이행하지 아니하면, 위 가항 기재 각 부동산에 대한 유치권의 행사를 포기하고, 그 점유를 모두 해제한다.

2. 원고의 나머지 청구는 포기한다.

3. 소송 총비용 및 조정비용은 각자 부담한다.

[그림 4-16] **결정조서 송부**

결정조서를 법원으로부터 송부받아서 유치권이 존재하지 않음을 확인한다.

③ 2009년 7월 2일 오후 2시 임장 준비

입찰 하루 전 임장을 준비해 현장을 가보니 미성숙된 상가지대로 본 물건은 대로변에 위치한 물건이 아니라 대로변 후면에 위치한 물건이다. 대로변 상권보다는 오히려 후면의 아파트 유동인구로 식당을 하기에 적합한 물건으로 판단되었다. 현재는 고깃집으로 사용 중이었다.

인천의 원당지구는 신도시의 형태를 갖춘 아파트 단지로 아직 상권이 제대로 형성되지 않아 공실인 상가도 상

 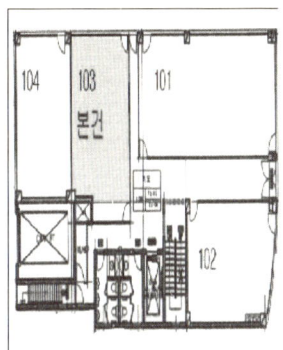

[그림 4-17] **인천 원당지구 아파트 단지 외관 사진과 참고도면**

당히 많은 상태이다.

상가와 인접한 아파트 단지를 통해 유동인구 및 동선을 조사해보니 대로변의 상가보다는 후면의 상가는 요식업과 같은 업종만 잘 선택한다면 더 좋은 결과가 예상되었다.

④ 관리실 방문

관리실을 방문해 물건의 내역을 문의해보니 예상한 대로 유치권이 있는 물건으로 소유자와 유치권자 사이에 소송 등 복잡한 관계를 설명하며 입찰하려는 103호, 104호도 유치권이 있다고 설명하고 다른 층도 경매로 진행 중인 물건이 있다고 설명한다.

06-62760 근린상가	14	인천광역시 서구 원당동 원당지구 기블럭3롯트, 연세크리닉 2층 202호 [원당동 연세크리닉 202호 40.96평 / 유치권신고]	330,000,000 113,190,000 📷145,201,000	낙찰 (34%) (44%)	2009-07-01 (10:00)
08-45585 근린상가	27	인천광역시 서구 원당동 원당지구 74블럭3롯트 외 2필지, 삼경프라자 2층 201호 [원당동 삼경프라자 201호 31.73평]	185,000,000 63,455,000 📷101,750,000	낙찰 (34%) (55%)	2009-06-18 (10:00)
06-62845 근린상가	4	인천광역시 서구 원당동 원당지구 기블럭3롯트, 연세크리닉 7층 702호 [원당동 연세크리닉 702호 42.59평 / 유치권신고]	250,000,000 122,500,000 📷132,510,000	낙찰 (49%) (53%)	2009-06-10 (10:00)
06-62791 근린상가	24	인천광역시 서구 원당동 원당지구 기블럭3롯트, 연세크리닉 4층 401호 [원당동 연세크리닉 401호 50.72평 / 유치권신고]	260,000,000 89,180,000 📷119,660,000	낙찰 (34%) (46%)	2009-06-09 (10:00)

[그림 4-18] 굿옥션의 검색을 통한 인천 원당지구 상가 낙찰 사례

관리실에서는 현재 소송으로 어떤 결과가 나온지도 모르는지 유치권이 있고 관리비는 500만 원 정도가 연체되었다고 한다. 여러 번 유찰된 물건이라 문의가 많은지 물어보니 유치권이 부담되는지 많지는 않다고 한다. 유치권은 미리 결정문을 통해 확인을 한 상황이라 관리실에서 하는 이야기를 듣기만 했다.

전에 낙찰된 물건들의 경쟁자들을 확인하니 대부분이 단독 입찰이다. 관리실 전화번호를 확인하고 다른 상가들을 둘러보니 공실인 물건들이 많다.

⑤ 임차인 면담

관리실에서 관리비를 확인하고 임차인을 만나러 1층의 고깃집으로 갔다. 점심시간이 지나서 좀 한가한 시간이어서 임차인은 없고 종업원만 있어서 경매관계로 방문했다고 밝히고 장사는 잘되는지를 물어보고, 주인의 연락처와 가게 명함을 받아왔다. 저녁에 전화를 해서 재계약 의

사를 물어볼 예정이다.

⑥ 부동산 중개업소 방문

인근 중개업소를 방문해 경매물건이라 설명하고 시세를 확인하러 왔다 하니, 나가라고 손을 휘젓는다. 사람들이 많이 찾아와서 귀찮아서 그러느냐고 물으니 그 상가는 문제가 많아서 중개업자도 관심이 없는 물건이고 자신은 시세도 모른다고 대답한다.

다른 중개업소를 방문해 다시 시세를 문의하니 상가들이 분양이 되지 않아서 1층 물건들도 요즘은 분양가에 60% 정도의 시세라고 말한다. 상권이 형성되지 않으니 시세가 형성이 되지 않고 있다며 알아서 판단하라고 한다.

최근에 거래된 물건이 있는지 문의해보니, 경매로 낙찰된 물건을 기준으로 보고 1층 상가라도 평당 800만 원 정도, 임대가는 평당 3~4만 원 정도라고 알려주었으나 정확한 가격은 아니다. 정확한 시세를 확인하기 위해 몇 군데 중개업소를 방문해 문의하니 중개업자마다 평가가 제각각이다.

평당 1,000만 원부터 700만 원까지 말하고 임대가는 보증금 2,000~3,000만 원/월 200만~250만 원을 말한다. 나머지 정리는 응찰자의 몫이다.

⑦ 임장 결과

임장의 결과가 그리 대단치는 않다. 유치권은 부존재 확인 소송으로 문제 없는 물건이고, 경쟁자는 많지 않은데 3회 유찰되어 34%대의 가격이니 절대 단독입찰은 아닐 것이다.

임차인과 통화해 보았다. 임차인은 힘들다고 하는데, 아직은 재계약 의사를 밝히고 싶지 않다고 하며, 낙찰되면 통화하자고 한다.

시세는 보수적으로 판단해 평당 800만 원으로 책정해 4억 8,000만 원이고, 월세는 보증금 2,000만 원/월 250만 원이다.

관리비 연체는 500만 원이고, 상가의 대출은 낙찰가의 80%, 신용이 좋으면 90%도 가능하다. 금리는 6% 정도, 90% 대출 시에는 7% 정도로 확인했다.

최저가 34%에 진행되는 물건이라면 입찰가의 기준이 40% 이상으로 응찰을 할지를 판단해야 할 것이다. 심리적인 선이 39% 정도이고 40% 정도를 넘는다면 낙찰이 가능하다고 판단하고, 수익률을 분석해 입찰을 준비했다.

2) 주택 임장 요령

2009타경3830	인천지방법원 본원 >	매각기일 : 2009.08.03 (오전 10:00) >	담당계 : 경매 14계 (☏032-860-1614)

소재지	인천광역시 강화군 양도면 인산리 254-4				
물건종별	근린주택	감정가	367,365,540원	[입찰진행내용]	
토지면적	701㎡(212.052평)	최저가	(70%) 257,156,000원	구분 입찰기일	최저매각가격 결과
건물면적	313.89㎡(94.952평)	보증금	(10%) 25,720.000원	1차 2009-07-01	367,365,540원 유찰
매각물건	토지 건물 일괄매각	소유자	강	2009-08-03	257,156,000원 취하
사건접수	2009-01-22(신법적용)	채무자	강	본사건은 취하(으)로 경매절차가 종결되었습니다.	
입찰방법	기일입찰	채권자	김		

목록	지번	용도/구조/면적/토지이용계획		㎡당	감정가	비고
토지	인산리 254-4	대 701㎡ (212.052평)	• 농림지역,농업보호구역,보호구역기타	300,000원	210,300,000원	표준지공시지가: (㎡당)63,000원
건물	위치상 철근콘크리트 조 및 조적조	1층 팬션형 주택	135.12㎡(40.874평)	520,000원	70,262,400원	
		2층 팬션형 주택	135.12㎡(40.874평)	622,000원	84,044,640원	
	보존등기일 : 1998-05-04			소계	154,307,040원	
제시외 건물		1층 창고	2.4㎡(0.726평)	90,000원	216,000원	매각포함
	인산리 254-4 판넬조 판넬	옥탑 바베큐장	15㎡(4.538평)	12,000원	180,000원	매각포함
		1층 창고	22㎡(6.655평)	90,000원	1,980,000원	매각포함
		1층 전기실	2.25㎡(0.681평)	90,000원	202,500원	매각포함
		옥탑 보일러실	2㎡(0.605평)	90,000원	180,000원	매각포함
	제시외건물 포함 일괄매각			소계	2,758,500원	
감정가	삼황감정 / 가격시점: 2009-02-16			합계	367,365,540원	일괄매각

현황 위치	• 호박골마을 통측 인근 위치 • 주위는 지방도변 상가 및 펜션,식당,농경지등 형성,남동측으로 인산저수지가 소재함 • 본건까지 차량접근 가능, 인근에 버스정류장 소재,대중교통 편익은 무난한편임 • 부정형의 토지,주상용 건물의 부지로 이용중임, 북동측으로 노폭 약3-4m 도로와 접함 • 심야보일러에의한 난방
참고사항	• 사용승인:1998.05, 2층증축:2003.03. / • 주상용건물로 이용중임

[토지이용/공시지가] [감정평가서] [건축물대장] [점유관계조사] [매각물건명세] [사건내역보기] [문건/송달내역]
[건물등기부] [토지등기부] [입찰가분석표]

임차인현황 • 배당요구종기:2009.04.23 === 조사된 임차내역 없음 === 예상배당표

기타참고	☞현황조사서 현장에 두차례 출장하였으나 이해관계인을 만날수 없어 상세한 점유 및 임대관계 미상임				
건물등기부	권리종류	권리자	채권최고액 (계:413,010,000)	비고	소멸여부
1 1998.05.04	소유권보존	강			
2 1999.03.24	근저당	협	56,000,000원	말소기준등기	소멸
3 2003.05.01	근저당	협	42,000,000원		소멸
4 2004.12.09	근저당	은행	10,010,000원		소멸
5 2007.05.23	근저당	협	17,000,000원		소멸
6 2007.11.15	근저당	협	13,000,000원		소멸
7 2007.12.04	근저당	강	110,000,000원		소멸
8 2008.03.18	근저당	김	165,000,000원		소멸
9 2009.02.11	임의경매	김	청구금액: 110,000,000원	2009타경3830	소멸

[그림 4-19] **굿옥션의 사건 검색 내용**

① 2009년 7월

경매물건을 검색하던 중 싸다는 느낌이 드는 물건을 찾았다. 강화도의 호숫가에 접한 주택 겸 펜션인데, 대지가 212평에 2층 건물로 감정가 3억 6,000만 원에 최저가 2억 5,000만 원으로 진행되는 물건이다.

감정서의 물건 사진을 보니 호숫가에 바로 접한 물건으로 몇 년에 한 번 나올 물건이다. 호숫가에 접한 물건은 허가를 받기도 어렵기에 투자 메리트가 있는 물건으로 판단했다.

물건의 위치도 좋고, 권리상의 하자는 없는 물건인데, 문제는 진입로가 경매에 나오지 않은 다른 사람의 소유이다. 이는 낙찰을 받아도 문제가 발생하기 때문에 도로 문제를 먼저 해결하지 않는다면 입찰을 포기해야 하는 상황이다.

[그림 4-20] **굿옥션의 검색을 통한 인천 원당지구 상가 낙찰 사례**

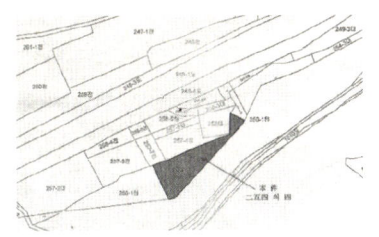

[그림 4-21] **강화군 양도면 인산리 주택의 지도 사진**

마침 강화도에 있는 S옥션의 지사장님을 알고 있어서 연락을 해보니 그 물건에 관해 소유자와 집안의 사정까지 잘 알고 있었다. 진입로의 소유자를 확인하니 채무자와 친인척 관계라고 확인해 주었다. 2009년 7월 20일에 현장을 방문했다.

② 2009년 7월 20일 임장

보통 경매기일 이전에 물건을 조사하지만 본건의 경우에 여러 가지를 조사해야 하는 상황이라 미리 움직여 강화도에 도착했다.

강화도에 도착해 물건지에 방문하니 사진대로 물가에 인접한 마음에 드는 주택이다. 강화 S옥션 지사장님의 말씀이 많은 사람들이 이 물건에 관심을 보인다고 한다. 그만큼 많은 사람들이 이 물건을 보기 위해 임장을 온다는 것이다. 심지어는 학원에서 관광버스를 대절해 임장을 올 정도라고 한다. 필자가 현장을 방문했을 때도 여러 명이 물건지 주변을 배회하고 있는 것을 목격했다.

이 정도로 관심이 많다면 입찰은 불 보듯 뻔한 결과가 예상되고, 감정가 이상으로 입찰해야 낙찰을 받을 수 있다는 결론이 나온다. 그런데 그렇게 낙찰을 받아도 도로 문제가 해결되지 않으면 그림에 떡이어서 다른 방법을 강구하기 시작했다.

S옥션 지사장님을 통해 들은 이야기는 본 물건의 건축허가를 얻기 위해 채무자가 몇 년 동안 공을 들인 물건이라 했다. 확인해보니 다행히도 채무자의 채무액이 4억 원을 넘지 않아 정공법을 사용하기로 했다. 진입로와 주택을 함께 매입할 수 있는 방법을 선택을 해 경매 취하 후에 매입을 성사시켜보고 아닐 경우는 포기를 하기로 마음을 먹었다.

S옥션의 지사장님의 도움으로 채무자와 연락이 되었고 7월 28일에 주택에서 만나기로 약속을 잡았다.

문제는 진입로 2필지의 가격이다. 249-9번지(도로) 16평과 254-14번지(도로) 24평의 2필지 40평의 가격 협상을 위해 미리 준비했다.

③ 인근의 부동산 시세

지역의 특성상 부동산 중개업소는 대부분 강화도의 초입과 읍내에 위치해 있어 가장 가까운 중개업소로 찾아갔다. 경매라는 것을 말하고 지번을 알려주고 문의하니, 동네에선 다 알고 있는 집이라 하면서 시세는 평당 180만~200만 원 정도라고 했다.

S옥션의 지사장님을 통해서도 인근의 시세를 확인해 보니 중개업소에서 말한 시세가 거의 일치해 좀 더 채무자의 상황을 알아보기로 했다.

④ 물건의 계약

채무자의 상황이 마침 좋지 않아 소유하고 있는 인근의 펜션도 경매로 진행 예정이어서 채무자는 상당히 궁박한 상황임을 알 수 있었다.

채무자는 한때 이 물건을 중개업소에 7억 원에도 내놓은 물건이라며, 높은 가격을 원했지만 경매로 진행하면 낙찰가가 3억 4,000만 원 정도에 낙찰될 것이라고 설명하니 많은 부분을 포기할 수밖에 없었다.

2009년 7월 28일에 도로와 토지, 건물을 포함해 기나긴 줄다리기 끝에 4억 4,000만 원에 계약서를 썼다. 경매가 진행 중인 8월 2일까지 취하를 하기로 계약서에 명시해 계약을 했다.

⑤ 임의 경매 취하

2009년 8월 2일이 일요일인 관계로 2009년 7월 30일에 법원에 채권자를 통해 취하서를 제출해 경매를 취하했다. 대법원 경매정보 사이트(http://www.courtauction.go.kr/)를 통해 확인했다.

사건번호	2009타경3830	사건명	부동산임의경매
접수일자	2009.01.22	개시결정일자	2009.02.10
담당계	경매14계 전화 : 032-860-1614(구내:1614)		
청구금액	110,000,000원	사건항고/정지여부	
종국결과	취하	종국일자	2009.07.30
송달료,보관금 잔액조회	▶ 잔액조회		

[그림 4-22] **대법원 경매정보 사이트의 물건 기본 내역**

⑥ 임장 결과

경매를 취하시키고 2009년 10월 15일에 등기 이전으로 이 사건은 마무리했다.

매매가 4억 4,000만 원에 진입로와 물건 전체를 매입하면서 생각을 해본다. 많은 분들이 법원경매로 낙찰을 받기 위해 열심히 임장을 하지만 본래의 목적을 낙찰 받는 것으로만 생각하고 움직이기도 한다. 결국 경매라는 것은 물건을 매입하는 하나의 방법이고, 물건을 매입할 수 없다면 일반매매를 통해서도 매입할 수 있어야 한다.

물건을 매매로 매입하지 않았다면 누군가 낙찰을 받았을 것이고, 낙찰 후에 진입로 문제로 많은 어려움을 겪을 수 있었을 것이다.

이러한 문제들을 미리 파악한다면 해결 방법을 달리 모색할 수 있을 것이다. 좋은 물건이라면 취하를 해서 매입하는 방법도 있다는 것을 염두에 두도록 하자.

3) 토지 임장 요령

(1) 사례-1

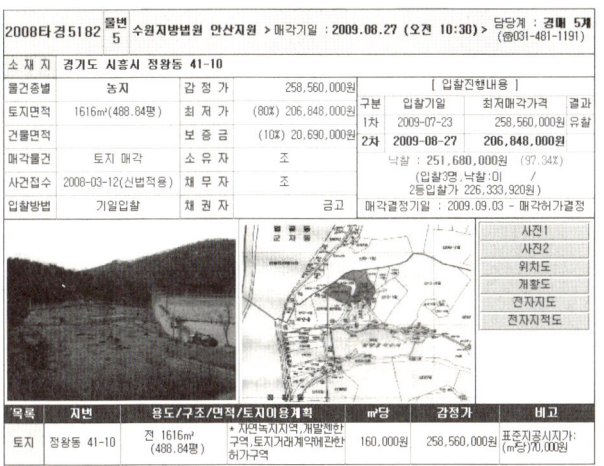

감정가	서부감정 / 가격시점 : 2008-03-25		합계	258,560,000원	토지 매각
현황 위치	* 뒷방울저수지 북측 인근에 위치, 부근은 임야,군부대,저수지낚시터,농경지,공동묘지 등 * 소형차량접근 가능, 주변 노선버스 등 운행하지 않는 지역으로 교통사정은 불편함 * 부정형의 토지, 남측으로 로폭 약2m의 도로와 접합				

| 토지이용/공시지가 | 감정평가서 | 점유관계조사 | 매각물건명세 | 사건내역보기 | 문건/송달내역 | 토지등기부 |

입찰가분석표

임차인현황 · 배당요구종기 : 2008.06.16 === 조사된 임차내역 없음 === 예상배당표

	토지등기부	권리종류	권리자	채권최고액 (계:6,867,753,540)	비고	소멸여부
1	2000.03.31 (29433)	근저당	금고	140,000,000원	말소기준등기	소멸
2	2000.03.31 (29434)	지상권(전부)	금고		존속기간: 2000.03.30-2030.03.30 30년	소멸
3	2000.03.31 (29435)	근저당	금고	98,000,000원		소멸
4	2003.08.29	근저당	은행	500,000,000원		소멸
5	2004.12.06	소유권이전(매매)	조			
6	2007.06.19	근저당	은행	2,000,000,000원		소멸
7	2007.09.10	가압류	보험(주)	199,131,200원		소멸
8	2007.10.04	가압류	보증기금	3,328,200,000원		소멸
9	2007.11.05	가압류	보증기금	170,000,000원		소멸
10	2007.12.27	가압류	보험(주)	432,422,340원		소멸
11	2008.02.04	압류	세무서			소멸
12	2008.03.13	임의경매	금고	청구금액: 91,329,800원	2008타경5182	
13	2008.09.08	압류	세무서			소멸
14	2009.01.16	압류	서울			소멸

[그림 4-23] **굿 옥션의 사건 검색 내용**

① 시흥시에 위치한 전(田)

농지의 입찰이라면 가장 먼저 농지취득자격증명(농취증) 발급 여부를 확인해야 한다. 대법원 사이트의 매각물건 명세서를 참조해 농취증 제출 여부를 확인하도록 한다. 본 사건은 물건번호가 있는 물건으로 다른 토지의 낙찰 사례를 확인한다.

※ 비고란
1.소재불명의 묘지 5기 있음(현황조사서상) 2.특별매각조건:농지취득자격증명 필요함(미제출시 매각불허가 및 매수보증금 몰수함)

[그림 4-24] **대법원 사이트 매각물건 명세서의 하단 비고란**

step 4. 물건 유형별 조사방법과 타이밍

08-5182(6) 농지	5	경기도 시흥시 정왕동 41-11 [정왕동 농지(전) 163.35평 / 자연녹지지역 · 개발제한구역]	102,600,000 102,600,000 감120,000,000	낙찰 (100%) (117%)	2009-07-23 (10:30)
08-8167 농지	5	경기도 시흥시 정왕동 394 [정왕동 농지(답) 172.12평 / 자연녹지역 · 개발제한구역]	62,590,000 50,072,000 감56,600,000	낙찰 (80%) (90%)	2008-11-20 (10:30)
07-23435(1) 농지	4	경기도 시흥시 정왕동 743-2 [정왕동 농지(전) 13.94평 / 자연녹지역 · 개발제한구역 / 토지지분 매각]	12,438,900 12,438,900 감13,189,900	낙찰 (100%) (106%)	2008-10-20 (10:30)

[그림 4-25] **굿옥션의 인근 농지의 낙찰 사례**

농취증을 필요로 하는 토지이며, 분묘가 5기가 있음을 매각물건 명세서를 통해 확인했다. 시흥시의 토지는 토지거래 허가구역으로 지정되어 있어 일반매물로 취득하기 위해서는 시흥시에 6개월 이상 거주를 해야 취득이 가능하지만, 경매로의 취득은 거주의 요건 없이도 가능하기에 낙찰 가격이 허가구역에서는 높은 편에 속한다.

② 농지 임장

2009년 8월 26일 오후에 지적도를 준비해 시흥 정왕동 뒷방울 저수지를 찾아갔다. 농취증이 필요하므로 경작을 하기에 적합한 토지인지를 먼저 확인할 필요가 있다. 본건의 경우 분묘 5기가 소재하고 있어서 분묘의 소유자를 탐문하기 위해서 비석이 있는지 확인을 했고, 인근 낚시터 관리인을 통해 토지 소유자의 묘지라는 정보를 얻을 수 있었다. 그리고 지적도에 인접 필지는 국가 소유의 땅이라고 들어서 추후 매입할 수 있는 방안을 찾아보기로 했다.

오후에 도착해 1시간 정도를 인근 낚시터에서 지켜보고 있었다. 임장을 올 사람들은 벌써 다 왔는지 더 이상의 방문자는 보이지 않았고, 8월이라 농지에 풀들이 많이 자라서 현장을 방문한 사람들의 흔적을 볼 수 있었다. 카메라를 준비했다면 현장을 사진으로 기록해 놓기를 바란다.

③ 중개업소 방문

인근에는 중개업소가 없어서 가까운 아파트 단지에 있는 중개업소를 방문해 시세를 확인해 보았다. 토지의 시세는 확인하기가 쉽지 않은데, 중개업소마다 부르는 가격이 평당 10~20만 원 정도의 차이가 난다.

시세를 확인하니 뒷방울 저수지 인근의 토지는 개발제한구역의 농지로 평당 70만 원 정도한다는 것을 알 수 있었다. 몇 군데 부동산을 통해 확인을 해보니 평당 100만 원을 부르는 곳도 있어서 그중 가장 보수적인 가격으로 선택해서 평당 70만 원으로 시세를 책정했다.

④ 시흥시청에서 농취증 발급 여부

음료수 1상자를 사들고 시흥시청으로 향했다. 농취증의 발급 여부와 경쟁자의 파악을 위해 방문했다.

시흥시청 산업계의 농지 담당자를 만나 지목이 농지로

농지의 한 부분에 분묘가 5기가 소재하고 있음을 말하고 분묘로 인해 농취증의 발급이 영향이 있는지를 질의했다. 큰 문제는 없으나 낙찰 후에 농취증 발급신청 시에 원상복구 계획서를 제출한다면 농취증의 발급이 가능하다 했다.

그리고 농지 담당자에게 "이 땅을 꼭 낙찰 받고 싶은데 혹시 이 물건으로 농취증 발급을 물어보는 사람이 있나요?"라고 물어 보았다. 이럴 경우 대부분의 농지 담당자들로부터 어렵지 않게 대답을 들을 수 있었다.

⑤ 임장 결과

본건의 시세는 평당 70만 원 정도로 책정했으며, 분묘가 5기가 있어서 유찰되었다. 인접 토지의 소유가 국가 땅으로 낙찰 후에 활용 방안을 계획한다(낙찰 후 2009년 9월에 측량해 인접한 국유지까지 펜스를 설치).

농취증 발급은 가능하며, 예상되는 경쟁자는 많지 않으나 시흥시의 농지 물건이 많지 않아 낙찰을 받는 가격을 정해서 입찰했다.

토지 임장의 경우 농지를 낙찰 받았다면 잔금 납부 후에 측량을 통해 토지의 경계를 확인하는 것이 만일에 생길 분쟁의 소지를 없앨 수 있는 방법이다.

토지의 측량은 평지라면 언제든 가능하지만, 숲이 있는 지역은 겨울이나 봄에 측량이 가능하다. 측량은 대한지적공사(http://www.kcsc.co.kr/)를 방문해 신청이 가능하다.

(2) 사례-2
① 입찰 준비

본건의 토지는 특별한 경우로 인접 공장에서 건축을 하기 위해서 꼭 필요한 토지이므로 낙찰 후에 인접 공장에게 매입을 요청할 수 있는 물건이다. 시세는 70~80만 원 정도로 현재의 감정가로 특별한 시세차익을 얻기 어렵기는 하지만, 인접 공장에서는 현재 이 토지를 도로로 사용 중이어서 건축을 할 때에는 반드시 사용 허가를 받아야만 한다.

토지 소유자가 사용허가를 하지 않는다면 건축 허가를 받을 수 없으므로 인접 공장에게는 절대적으로 필요한 토지이다. 다리 앞의 토지이다(138-4번지를 밟아야 공장으로 진입이 가능하다).

입찰의 타이밍을 언제로 하느냐가 가장 중요한 문제이

다. 1회 유찰 시 응찰한다면 기회를 놓칠 수 있기 때문에 신건에 응찰하기로 결정했다.

[그림 4-26] **굿옥션의 사건 검색 내용**

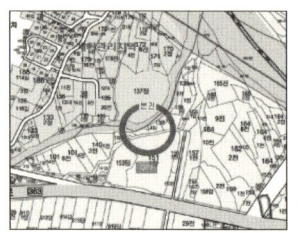 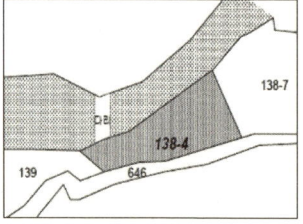

[그림 4-27] **지도 검색을 통한 인근 지역의 지도**

② 입찰가격 산정의 정보

토지 인접의 공장도 얼마 전에 경매가 진행되어 임차인이 낙찰을 받았다. 임차인은 A회사라는 대기업으로 건축허가를 받아서 공장의 규모를 확장하려고 공장을 낙찰받았다.

2007타경16041	의정부지법 고양지원 > 매각기일 : 2008.01.29 (오전 10:00) > 담당계 : 경매 7계		
소 재 지	경기도 고양시 일산동구 사리현동 137, 가,라,바등호		
물건종별	공장	감 정 가	6,243,357,680원
토지면적	9828㎡(2972.97평)	최 저 가	(80%) 4,994,686,000원
건물면적	2841.08㎡(859.427평)	보 증 금	(10%) 499,470,000원
매각물건	토지·건물 일괄매각	소 유 자	김 .(주)한
사건접수	2007-08-14(신법적용)	채 무 자	티(주),(주)한
입찰방법	기일입찰	채 권 자	우리은행

[입찰진행내용]
구분	입찰기일	최저매각가격	결과
1차	2007-12-27	6,243,357,680원	유찰
2차	2008-01-29	4,994,686,000원	

낙찰 : 4,995,000,000원 (80.01%)
(입찰1명,낙찰:)
매각결정기일 : 2008.02.05 - 매각허가결정
대금납부 2008.03.07 / 배당기일 2008.04.25

[그림 4-28] **굿옥션의 사건 검색 내용**

위의 낙찰가를 살펴보자. 낙찰자는 경쟁자 없이 단독

으로 최저가로 응찰해 낙찰을 받았다.

이 낙찰자가 다음에 진행되는 토지의 가격을 어떻게 응찰할지는 위의 예로만 보아도 알 수 있다. 당연히 신건에 진행되는 물건이고 공장을 낙찰 받을 때처럼 단독일 것이라 생각하고 최저가로 응찰할 것이다.

③ 입찰 당일

2008년 2월 14일 고양법원에 도착해 2억 3,038만 원에 입찰가를 쓰고 투찰을 하고 돌아서 나오는데 A회사의 배지를 단 몇 사람들이 입찰표를 제출하려고 들어오고 있었다.

혹시 가격을 최저가에서 300만 원으로밖에 쓰지 않아서 떨어질 것 같은 느낌이 들었으나 예상대로 그 회사는 2억 2,800만 원으로 응찰했다.

A회사는 차순위 신고를 하고 법정을 나오는데 우리에게 연락처를 달라고 했다. 며칠 후에 연락이 왔다. 예상대로 A회사가 공장을 증축하려고 하는데 이 땅이 꼭 필요하니 잔금 납부를 포기하라는 것이다. 포기하는 조건으로 어느 정도의 이익을 얻은 땅이다.

그렇기에 법원 경매에서 중요한 것은 경쟁자의 파악이며, 입찰의 타이밍을 언제 선정하느냐가 중요하다.

공장 임장 요령

1) 공장 임장 요령

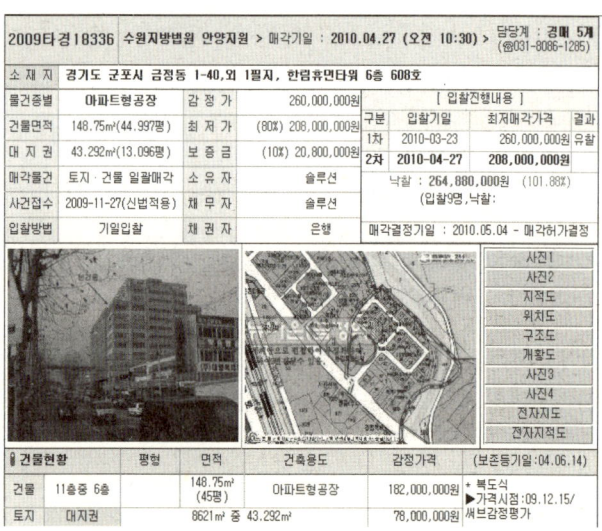

step 4. 물건 유형별 조사방법과 타이밍

현황 · 위치 주변환경	* "LS전선" 북서측 인근에 위치 * 부근은 아파트형공장,중소형일반공장,업무용 빌딩,근린생활시설등으로 형성된 공장지대 * 본건까지 제반 차량출입 용이하며, 인근에 전철역(금정역) 및 시내버스정류장이 소재하는 등 대중교통사정은 양호함, 인접 도로와 대체로 동고평탄한 2필 일단의 부정형 토지 * 남서측 왕복4차선 아스콘포장도로와 접함,남동측 노폭 약6m내외의 아스콘포장도로와접함

참고사항	* 외필지 : 산본동 14-16번지

[토지이용/공시지가] [감정평가서] [점유관계조사] [매각물건명세] [사건내역보기] [문건/송달내역] [건물등기부]
[입찰가분석표]

임차인현황 · 배당요구종기:2010.02.25 === 조사된 임차내역 없음 === **예상배당표**

기타참고	☞현황조사차 방문하였으나 폐문으로 거주자를 만나지 못하여, 점유관계는 미상임 / ☞세무서 등록사항 열람한 바, 등재되어 있는 사람 없다고 함 / ☞ 시스템 간판 부착되어 있음

건물등기부		권리종류	권리자	채권최고액 (계:855,221,877)	비고	소멸여부
1	2004.07.09	소유권이전(매매)	솔루션			
2	2004.07.09	근저당	은행 (평촌지점)	192,000,000원	말소기준등기	소멸
3	2009.05.11	가압류	(주)코	22,000,000원		소멸
4	2009.05.22	가압류	(주)케이	30,547,440원		소멸
5	2009.05.25	근저당	시스템	50,000,000원		소멸
6	2009.08.03	가압류	(주)국	10,795,780원		소멸
7	2009.08.24	가압류	은행	200,000,000원		소멸
8	2009.12.01	임의경매		청구금액: 90,494,656원	2009타경18336	소멸

[그림 4-29] **굿옥션의 사건 검색 내용**

① 입찰 준비

최근에 임대 수익형 부동산의 인기와 더불어 임대 수입을 얻기 위해 아파트형 공장에 투자를 많이 하는 추세이다.

그러나 2009년 8월 이후 산업집적활성화 및 공장설립에 관한 법률(산집법) 시행규칙이 개정되어 아파트형 공장에 투자할 때 주의를 요망한다. 아파트형 공장의 지역이 산업단지에 해당되는지를 먼저 확인해야 한다.

산업단지 관리공단(www.e-cluster.net) 사이트를 통해 군포시 금정동이 산업단지인지를 먼저 확인한다.

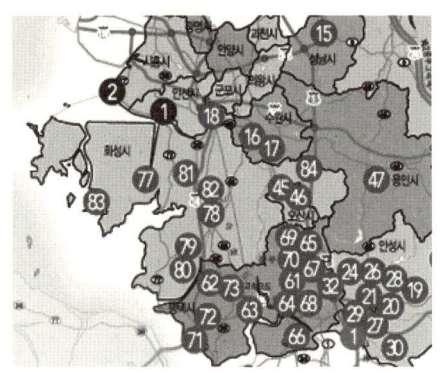

[그림 4-30] **산업단지 관리공단 사이트의 군포시 금정동의 산업단지 분포도**

서울특별시 금천구　　　60-23 (153-801)
TEL : 02-892-1〓
FAX : 02-805-41
Web Page : http://www.nanos　　　.co.kr
E-mail : nanosystems@　　　.co.kr

[그림 4-31] **해당 업체의 홈페이지에서 얻은 정보**

아파트형 공장의 입주업체들은 대부분이 법인업체로 홈페이지를 보유하고 있어 회사의 홈페이지에 접속해 회사의 상태와 전화번호 등을 미리 점검한다.

채권자인 중소기업은행의 채권금액이 9,000만 원으로 취하의 가능성이 있는지 미리 대법원 경매 사이트를 통해 취하, 변경 여부를 확인하고 임장을 출발하기 바란다.

② 2010년 4월 26일 오후 임장 조사

오전에 검토한 자료와 물건 내역서를 가지고 현장으로 출발한다. 아파트형 공장은 아파트와 같은 형태의 시세로 파악하면 큰 어려움은 없을 것이다.

먼저 현장을 방문해, 아파트형 공장 입구 로비의 입주 업체 안내판을 주목하면 공장 내부에 어떤 업종의 회사들이 입주해 있는지와 공실이 있는지를 미리 알 수 있다. 아파트형 공장은 4층을 구분으로 위아래로 구분하면 4층 아래는 기계를 사용하는 공장들이 입주하며, 4층 이상은 벤처형의 사무실들이 입주하는 경향이 있다.

아파트형 공장을 방문하면 층고(층의 높이)를 확인해야 한다. 층고에 따라 활용도가 다르고 층고가 4미터 이상이라면 복층으로 사용이 가능하기 때문이다.

③ 관리사무실 방문

관리실을 방문해 당연히 묻는 것은 관리비의 연체 내역이다. 아파트형 공장의 경매가 진행되면 주택과 달리 회사의 부도로 인해 경매가 진행되므로 공실이거나 사무 집기를 버리고 부도 처리되는 일이 많다.

관리비가 여러 달째 연체가 되었다면 공실인지, 짐이

있는지, 이사는 했는지를 관리사무소에 물어봐야 한다. 아파트형 공장의 분양가와 분양평형, 평당 관리비, 주차 대수, 관리비 내역, 공실률 등을 면밀히 조사해야 한다.

그리고 다른 물건의 조사와 마찬가지로 관리비 연체 등 경매 건으로 방문한 경쟁자가 있는지를 확인한다. 아파트형 공장은 내부의 입주업체들이 경매를 많이 참여하므로 혹시 입주업체 중에서 입찰을 들어올 업체들이 많은지도 확인할 필요가 있다.

공실이 아닌 짐이 있는 상태라면 관리사무실의 협조를 얻어 소유자의 연락처를 확인해 처리하는 방법이 있다. 관리비 연체를 낙찰자가 해결하고, 내부에 있는 집기의 포기각서를 받아서 처리하는 방법도 있음을 기억하고 진행하면 된다.

④ 인근 부동산 방문

본 물건은 72평형의 아파트형 공장으로 임장 전 부동산 사이트를 통해 시세를 어느 정도 파악하고 부동산에 방문했다.

인근의 아파트형 공장이 얼마나 많은지도 중개업소를 통해 확인하고, 임대 수익형 부동산이므로 임대는 잘되는지, 즉 회전율과 공실률, 평당 임대료 등을 확인해야 한다.

공장의 경우 지역마다 다르긴 하지만 본건의 지역인 안양, 군포, 의왕지역은 보증금을 임대료의 10배로 한다. 예를 들어 보증금 2,000만 원/월 200만 원식으로 임대료가 형성된다.

⑤ 임장 결과

본건의 임장 결과 시세는 2억 8,000만 원이며, 임대료는 보증금 2,000만 원/월 200만 원이다.

관리비 연체는 10개월로 350만 원이 연체되었으며, 입주업체는 부도 후에 현재 다른 곳으로 이전했다. 짐이 있는 상태에서 문은 잠겨 있고 사람은 없는 상태이다. 명도비용은 500만 원 정도로 예상하고 진행한다.

현재 아파트형 공장의 회전율이 좋아 임대 시 2~3주 안에 임대가 가능하며, 공실이 5% 미만으로 공실률은 낮은 편이다. 그리고 내부 입주업체 2곳에서 응찰한다고 중개업소를 통해 정보를 얻었고 관리사무소에 방문한 인원은 10여 명이 넘는 것으로 판단이 된다.

이상의 자료로 입찰계산표를 작성해 임대 수익률 13~15% 정도에 응찰한다면 좋은 결과를 얻을 수 있다.

Seven Days Master Series

step 5

낙찰가 산정하기

경매는 숫자의 심리이다

경매를 하면서 무수히 떨어지는 고배를 마신 지 벌써 15년이다. 낙찰가를 맞힐 수 있다면 경매는 참 재미있고 신나는 게임이 될 것이다. 그런데 낙찰가를 정확히 맞힌다는 것은 신의 영역이다.

경매를 직업으로 하는 사람들이 즐겨쓰는 말이 있다. '운칠기삼(運七技三)' 즉 운과 기술이 7 : 3이라고 할 정도로 운도 많이 따른다는 말이다. 하지만 모든 것을 운에 맡긴다는 것은 참으로 어리석은 일이다. 운보다는 다른 경쟁자의 심리, 즉 숫자의 심리를 읽을 필요가 있다. 심리로 다른 경쟁자의 응찰가를 안다면 결코 운에만 맡기지 않아도 낙찰을 받을 수 있을 것이다.

먼저 법원에서 입찰표에 작성하는 입찰가격은 돈이 아닌 숫자로 생각해야 한다. 돈으로 생각하니 당연히 입찰가를 적게 쓰려는 마음이 앞서 처음에 생각했던 입찰가보다 가격을 점점 낮게 응찰해서 패배를 맞보기도 한다.

경매에 입찰을 하다보면 어느 법원은 응찰자 전원의 입찰가를 불러주는 법원이 있다. 이때 입찰가를 들어보면 숫자의 패턴을 알 수 있다. 경매는 숫자의 심리이다.

숫자에 관한 고정관념에 대해 이야기해보자. 한국인은 숫자에 관한 고정관념이 있는데, 숫자를 10진법을 사용해서인지 대부분 10단위로 나뉘는 부분에서는 민감하게 반응한다. 여러분은 지인의 결혼식에 참석한다면 축의금을 얼마로 생각하고 있는가? 친분에 따라 금액은 다르겠지만 보통 5만 원, 10만 원 정도일 것이다.

왜 5만 6,000원은 안 되는가? 10만 3,000원은 어떤가? 만일 여러분이 이렇게 축의금을 전달했다면 주변에서는 어떤 반응이 일어날까? 5만 원보다는 5만 6,000원, 10만 원보다는 10만 6,000원이 더 많은 돈임에도 '장난'이라고 욕을 먹을 수도 있다.

그리고 누군가와 약속 시간을 정해서 만나기로 할 때 대부분 약속 시간을 10시 또는 10시 30분으로 정한다.

10시 2분, 10시 36분으로 정하면 어떨까?

어떤 물건을 구입할 때 똑같은 품질의 물건인데 하나는 999원이고 하나는 1,000원이라면 어떤 물건을 선택하겠는가? 많은 사람들이 999원을 선택할 것이다. 1원이 없어서 999원을 선택하진 않겠지만 아무래도 낮은 가격으로 마음이 움직인다.

이렇게 우리들의 마음속을 들여다보면 숫자를 5단위와 10단위로 자르고 있고 1원의 차이에도 민감하다는 것을 알 수 있다. 경매법원에서 입찰자의 패턴을 지켜보길 권한다. 응찰가를 친절하게 불러주는 법원을 찾아 경매정보지를 들고 입찰이 진행되는 물건들의 응찰가를 적어본다면 위에서 말한 숫자의 심리를 피부로 느낄 수 있을 것이다. 입찰가를 잘 들어보면 응찰자들의 심리적 부담과 함께 어떻게든 낙찰을 받고 싶어한다는 의지를 엿볼 수 있다.

자주 접하게 되는 숫자가 999,999이다. 이 숫자를 보면 숫자의 단위가 바뀌는 것에 대한 부담과 낙찰을 꼭 받겠다는 절박한 마음을 읽을 수 있다. 그럼에도 왜 단위를 못 바꾸는지, 1원이 없어서가 아니다. 199,999,999원과 200,000,000원의 차이를 생각해보면 숫자로는 1원이지만 엄청난 차이가 있다.

[그림 5-1] 물건의 응찰자들을 보자. 아래 물건은 2회 유찰되어 감정가 대비 64%, 감정가 420,000,000원, 최저가는 266,800,000원이며, 전회차는 336,000,000원이다. 통상 2회 유찰된 물건들은 경쟁자가 많아지면 전회차(80%)의 가격을 넘어가는 것이 보통이다. 왼쪽에 손으로 적은 응찰자의 가격을 보자. 천 단위로 자르고, 64%의 요율을 10단위(70%)와 5단위(75%)로 잘라보면 70% 가격인 294,000,000원 미만의 응찰자 4명, 3억 원 미만의 응찰자 5명, 75% 가격인 315,000,000원 미만의 응찰자 5명, 80% 가격인 336,000,000원 미만의 응찰자 7명이다. 80%를 넘겼으나 350,000,000원 미만으로 349,999,999원의 응찰자도 볼 수 있다.

낙찰을 받기 위해서는 가격을 높게 쓰면 가능하다. 그러나 '높게'라는 부분이 어디까지를 말하는지 모르고, 다른 경쟁자와 적은 차이로 낙찰을 받아야만 만족감을 얻을 수 있기 때문에 낙찰가를 정하는 것이 어려울 수밖에 없다. 결국 숫자의 문제로 다른 경쟁자가 응찰한 금액을 누를 수 있는 심리적인 숫자를 찾는 것이 중요하다.

입찰시 사용할 숫자와 버려야 할 숫자는 다음과 같다.

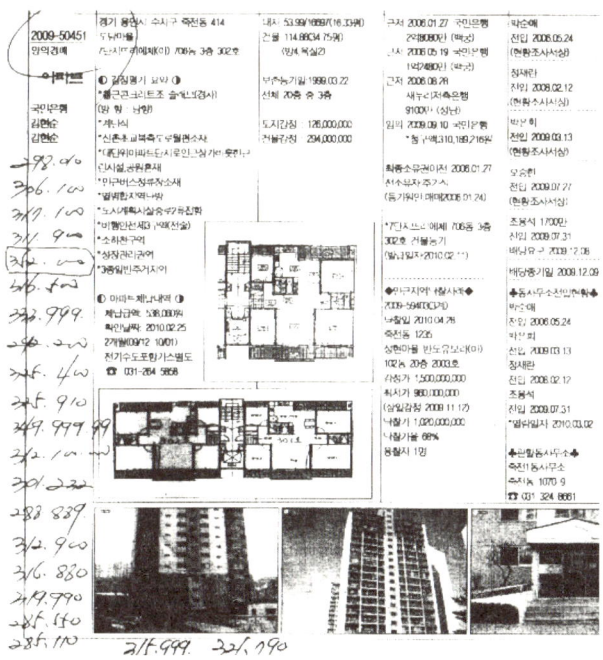

[그림 5-1] **법원의 경매정보지와 응찰가 패턴**

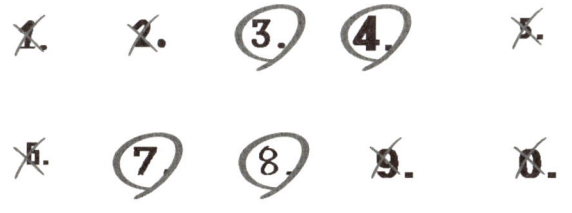

[그림 5-2] **숫자의 나열**

우선 5와 0은 버리자. 입찰시 많은 사람들이 사용하는 숫자이기 때문이다. 예를 들어 110,000,000원이나 115,000,000원 등의 숫자를 많이 사용한다.

1과 2를 버리자. 입찰가를 110,000,000원으로 쓰려는 사람이 있는데, 누가 2~3만 원만 더 쓴다면 몇 만 원 차이로 떨어지기 때문에 이런 입찰가는 항상 불안하다. 컨설팅 업체에서는 만일 이런 고객이 있다면 어떻게 해서든 설득 끝에 111,000,000원이나 112,000,000원으로 가격을 올리기도 한다.

6을 버리자. 위와 마찬가지로 115,000,000원도 불안한 가격이라고 생각해서 이 가격보다는 116,000,000원을 많이 사용한다.

9를 버리자. 9라는 숫자는 가득 찬 듯한 느낌의 숫자이면서도 부족한 느낌이 들며, 불안한 숫자이기도 하다. 법원에서 응찰가를 보면 999,999,999가 자주 나오는데 그 이유는 1원 차이만이 아니다. 9를 사용하기보다 1과 2를 피해서 3과 4를 사용한다면 다른 경쟁자의 입찰가격을 심리적으로 누르고 낙찰을 받을 수 있을 것이다.

사용해야 할 숫자를 정리해보면 3, 4, 7, 8이 된다. 이들 숫자를 적절히 이용해서 성공하도록 하자.

낙찰가 사례

1) 사례-1

2009타경20521	인천지방법원 본원 > 매각기일 : 2009.12.03 (오전 10:00) >		담당계 : 경매 3계 (☎032-860-1603)		
소 재 지	인천광역시 남구 학익동 719,외 1필지, 동아.풍림아파트 110동 1층 101호				
물건종별	아파트(60평형)	감 정 가	400,000,000원	[입찰진행내용]	
건물면적	167.26㎡(50.596평)	최 저 가	(49%) 196,000,000원	구분	입찰기일	최저매각가격	결과
대 지 권	63.74㎡(19.281평)	보 증 금	(10%) 19,600,000원	1차	2009-10-06	400,000,000원 유찰
매각물건	토지·건물 일괄매각	소 유 자	마	2차	2009-11-04	280,000,000원 유찰
사건접수	2009-04-20(신법적용)	채 무 자	박	3차	2009-12-03	196,000,000원
입찰방법	기일입찰	채 권 자	공사	낙찰 : 302,470,000원 (75.62%) (입찰32명, 낙찰 : / 2등입찰가 288,300,000원) 매각결정기일 : 2009.12.10 - 매각허가결정 대금납부 2010.01.08 / 배당기일 2010.02.04	

건물현황		평형	면적	건축용도	감정가격	(보존등기일:00.01.27)
건물	20층중 1층	60평형	167.26㎡ (50.6평)	주거용	280,000,000원	• 계단식 • 도시가스/개별난방 ▶가격시점 :09.04.27/ 역화감정평가
토지	대지권		62792㎡ 중 63.74㎡		120,000,000원	

현황 · 위치 주변환경	• 학익초등교 남동측 인근, 주위는 아파트단지, 단독주택 및 근린생활시설등이 혼재 • 차량접근 가능, 인근에 버스정류장이 소재, 교통사정은 무난함, 부정형의 토지 • 아파트부지 북동측 및 남서측으로 각각 광대로 포장도로와 접함
참고사항	• 외필지 학익동 719-1 소재

| 임차인현황 | · 배당요구종기 : 2009.06.29 | === 조사된 임차내역 없음 === | | 예상배당표 |

| 기타참고 | ■본건 현황조사차 현장에 임하였으나 이해관계인을 만날수 없어 상세한 점유.임대관계는 알수 없음. 경매시 참고바람 [현장조사보고서] |

건물등기부	권리종류	권리자	채권최고액 (계: 471,300,000)	비고	소멸여부
1	2004.06.28	소유권이전(매매)	마			
2	2008.02.21	근저당	공사	380,800,000원	말소기준등기	소멸
3	2008.09.25	소유권이전 담보가등기	조			소멸
4	2008.10.01	근저당	이	50,000,000원		소멸
5	2008.11.06	가압류	기금	34,000,000원		소멸
6	2009.01.29 이	근저당권가처분	기금		사해행위취소로 인한 원 상회복청구권	소멸
7	2009.02.02 조	가등기소유권이 전담보권가처분	기금		사해행위취소로 인한 원 상회복청구권	소멸
8	2009.03.27	가압류	은행	6,500,000원		소멸
9	2009.04.21	임의경매	공사 (인천지사)	청구금액: 290,244,383원	2009타경20521	소멸

[그림 5-3] **굿옥션의 사건 검색 내용**

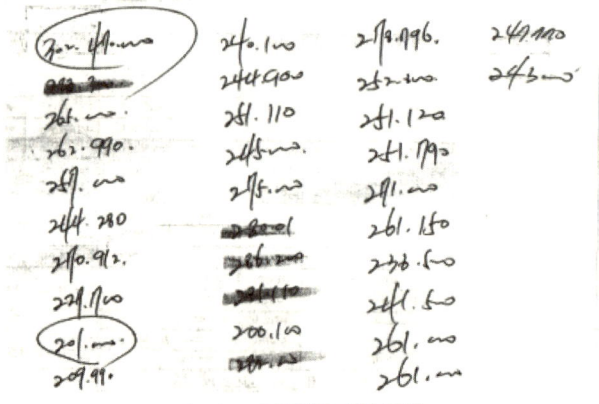

[그림 5-4] **응찰가 예상 패턴**

　인천 학익동의 아파트로 감정가 2회 유찰로 감정가 대비 49%에 진행되는 물건이다(인천 가감율 30%). 시세는 3억 6,000만 원으로 2회 유찰로 응찰자는 20명 이상이 예상된다.

입찰가 요율표에 49% - 50% - 60% - 65% - 70% - 75%를 동그라미로 표시하고, 1억 9,000 - 2억 - 2억 1,000 - 2억 2,000 - 2억 3,000 - 2억 5,000의 순으로 천 단위에 표시를 하며, 매매가 대비 차익을 본다.

예를 들어 전회차의 70%인 2억 8,000만 원은 차익이 7,000만 원 정도이므로 응찰가는 70% 이상으로 볼 수 있다. 응찰가의 상한선을 그어보면 75%(5단위)와 3억 원이 만나는 선이 되며, 차익은 5,000만 원이다. 물론 차익을 만족하느냐의 문제지만 3억 원의 심리선을 넘어 3억 300만 원 정도에 응찰한다.

			입 찰 계 산 표				
주 소	인천시 남구 학익동 719 동아풍림 110동 101동			종 별	아파트	채 권 자	한국자산관리공사	비고
사건번호	2009타경20521	감 정 가	400,000,000	입찰기일	2009.12.03	소 유 자	마서면	
법 원	경매3계	최 저 가	196,000,000	입찰방법	기일입찰	채 무 자	박진	

요율표	입찰예가	부대비용					합계	목표가 대비차액
		세금	명도비용	수수료	소계	비율		
79%	316,000,000	14,220,000	2,500,000	4,000,000	20,720,000	6.56%	336,720,000	35,880,000
78%	312,000,000	14,040,000	2,500,000	4,000,000	20,540,000	6.58%	332,540,000	40,060,000
77%	308,000,000	13,860,000	2,500,000	4,000,000	20,360,000	6.61%	328,360,000	44,240,000
76%	304,000,000	13,680,000	2,500,000	4,000,000	20,180,000	6.64%	324,180,000	48,400,000
75%	300,000,000	13,500,000	2,500,000	4,000,000	20,000,000	6.67%	320,000,000	52,600,000
70%	280,000,000	12,600,000	2,500,000	4,000,000	19,100,000	6.82%	299,100,000	73,500,000
65%	260,000,000	11,700,000	2,500,000	4,000,000	18,200,000	7.00%	278,200,000	94,400,000
60%	240,000,000	10,800,000	2,500,000	4,000,000	17,300,000	7.21%	257,300,000	115,300,000
50%	200,000,000	9,000,000	2,500,000	4,000,000	15,500,000	7.75%	215,500,000	157,100,000
49%	196,000,000	8,820,000	2,500,000	4,000,000	15,320,000	7.82%	211,320,000	161,280,000

	매매가	추가비용					합계	비고
		등기비	중개수수료	기타	소계	비율(등)		
	360,000,000	10,800,000	1,800,000		12,600,000	3.50%	372,600,000	

[그림 5-5] **인천남구 학익동 아파트 물건의 입찰계산표**

2) 사례-2

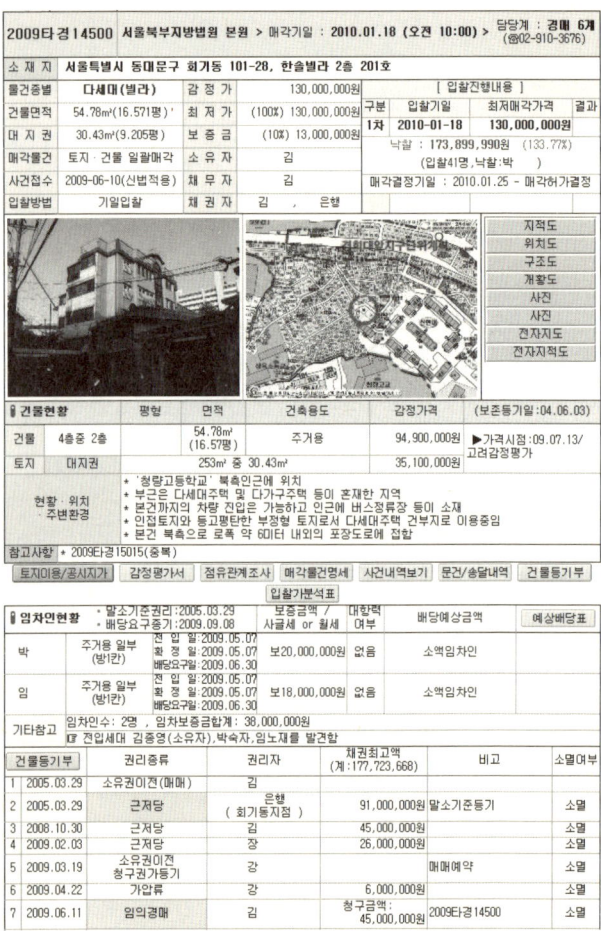

[그림 5-6] **굿옥션의 사건 검색 내용**

step 5. 낙찰가 산정하기

동대문구 회기동의 다세대 물건으로 감정가는 1억 3,000만 원이며, 감정평가에 오류가 있는 물건으로, 매매가는 2억 원, 전세 1억 3,000만 원이다. 현장조사 시에 많은 경쟁자가 있음을 알 수 있었다.

입찰계산표								
주 소	서울시 동대문구 회기동 101-26 한솔빌라 201호			종 별	다세대	체 권 자	김옥남,우리은행	비고
사건번호	2009타경14500	감 정 가	130,000,000	입찰기일	2010.01.18	소 유 자	김종영	
입 원	경매6계	최 저 가	130,000,000	입찰방법	기일입찰	채 무 자	김종영	

묘율표	입찰매기	부대비용					합계	매매가 대비차액
		세금	명도비용	수수료	소계	비율		
145%	188,500,000	8,482,500	2,000,000	0	10,482,500	5.56%	198,982,500	2,842,500
144%	187,200,000	8,424,000	2,000,000	0	10,424,000	5.57%	197,624,000	4,201,000
143%	185,900,000	8,365,500	2,000,000	0	10,365,500	5.58%	196,265,500	5,559,500
142%	184,600,000	8,307,000	2,000,000	0	10,307,000	5.58%	194,907,000	6,918,000
141%	183,300,000	8,248,500	2,000,000	0	10,248,500	5.59%	193,548,500	8,276,500
140%	182,000,000	8,190,000	2,000,000	0	10,190,000	5.60%	192,190,000	9,635,000
139%	180,700,000	8,131,500	2,000,000	0	10,131,500	5.61%	190,831,500	10,993,500
138%	179,400,000	8,073,000	2,000,000	0	10,073,000	5.61%	189,473,000	12,352,000
137%	178,100,000	8,014,500	2,000,000	0	10,014,500	5.62%	188,114,500	13,710,500
136%	176,800,000	7,956,000	2,000,000	0	9,956,000	5.63%	186,756,000	15,069,000
135%	175,500,000	7,897,500	2,000,000	0	9,897,500	5.64%	185,397,500	16,427,500
134%	174,200,000	7,839,000	2,000,000	0	9,839,000	5.65%	184,039,000	17,786,000
133%	172,900,000	7,780,500	2,000,000	0	9,780,500	5.66%	182,680,500	19,144,500
132%	171,600,000	7,722,000	2,000,000	0	9,722,000	5.67%	181,322,000	20,503,000
131%	170,300,000	7,663,500	2,000,000	0	9,663,500	5.67%	179,963,500	21,861,500
130%	169,000,000	7,605,000	2,000,000	0	9,605,000	5.68%	178,605,000	23,220,000
129%	167,700,000	7,546,500	2,000,000	0	9,546,500	5.69%	177,246,500	24,578,500
128%	166,400,000	7,488,000	2,000,000	0	9,488,000	5.70%	175,888,000	25,937,000
127%	165,100,000	7,429,500	2,000,000	0	9,429,500	5.71%	174,529,500	27,295,500
126%	163,800,000	7,371,000	2,000,000	0	9,371,000	5.72%	173,171,000	28,654,000
125%	162,500,000	7,312,500	2,000,000	0	9,312,500	5.73%	171,812,500	30,012,500
124%	161,200,000	7,254,000	2,000,000	0	9,254,000	5.74%	170,454,000	31,371,000
123%	159,900,000	7,195,500	2,000,000	0	9,195,500	5.75%	169,095,500	32,729,500
122%	158,600,000	7,137,000	2,000,000	0	9,137,000	5.76%	167,737,000	34,088,000
121%	157,300,000	7,078,500	2,000,000	0	9,078,500	5.77%	166,378,500	35,446,500
120%	156,000,000	7,020,000	2,000,000	0	9,020,000	5.78%	165,020,000	36,805,000
119%	154,700,000	6,961,500	2,000,000	0	8,961,500	5.79%	163,661,500	38,163,500

매매가	추가비용					합계	비고
	등기비	중개수수료	기타	소계	비율(%)		
195,000,000	5,850,000	975,000		6,825,000	3.50%	201,825,000	

[그림 5-7] 서울 동대문구 회기동 다세대 물건의 입찰계산표

[그림 5-7]의 입찰계산표를 110%(1억 4,300만 원)부터 요율의 10단위를 표시, 120%(1억 5,600만 원), 130%(1억 6,900만 원) 그리고 입찰가를 1억 5,000만 원, 1억 6,000만 원, 1억 7,000만 원에 표시하면서 계산표 우측에 차익 부분을 참조하자. 131%인 1억 7,000만 원선이라면 차익이 2,500만 원 정도로, 입찰가격을 압축해보면 1억 7,300~1억 7,400만 원에서 압축이 가능하다. 그리고 10만 원 단위에서는 숫자의 꼬리를 높여 쓴다(1억 7,389만 원 또는 1억 7,478만 원).

3) 사례-3

2009타경5408	수원지방법원 안양지원 > 매각기일 : 2009.06.30 (오전 10:30) >	담당계 : 경매 2계 (☎031-8086-1282)
소 재 지	경기도 의왕시 내손동 757-2, 대원파크빌 101동 5층 508호	

물건종별	오피스텔	감 정 가	65,000,000원	입찰진행내용		
건물면적	23.12㎡(6.994평)	최 저 가	(100%) 65,000,000원	구분	입찰기일	최저매각가격	결과
대 지 권	3.244㎡(0.981평)	보 증 금	(10%) 6,500,000원	1차	2009-06-30	65,000,000원	
매각물건	토지·건물 일괄매각	소 유 자	서	낙찰 : 66,899,000원 (102.92%) (입찰4명,낙찰: 서 / 2등입찰가 66,000,000원)		
사건접수	2009-03-23(신법적용)	채 무 자	서	매각결정기일 : 2009.07.07 - 매각허가결정		
입찰방법	기일입찰	채 권 자	김	대금납부 2009.07.28 / 배당기일 2009.08.24		

건물현황	평형	면적	건축용도	감정가격	(보존등기일:02.12.03)
건물	14층중 5층	23.12㎡ (6.99평)	오피스텔(원룸)	45,500,000원	☞가격시점:09.02.20/ 만감정평가
토지	대지권	470.3㎡ 중 3.244㎡		19,500,000원	
현황·위치 주변환경	• 갈미중학교 북측 인근에 위치,부근은 각종 점포가 소재,후면은 아파트단지가 소재 • 동측 인근에 계원조형예술대학이 소재, 차량접근 용이, 교통은 양호, 주차설비(카리프트) • 평탄한 부정형의 토지, 단지 주위로 소로 및 중로와 접함				

참고사항 • 이송전사건:수원지법 2009타경9019호

임차인현황	말소기준권리:2005.06.09 배당요구종기:2009.04.17		보증금액 / 사글세 or 월세	대항력 여부	배당예상금액	예상배당표
김기현	주거용 전부	전 입 일 2006.11.13 확 정 일 2006.11.13 배당요구일 2009.02.11	보45,000,000원	없음	배당순위있음	경매신청인임차권등기자
기타참고	☞현황조사차 방문하여 성명을 밝히기를 거부하는 여자를 만나 임대차관계를 문의한즉 잘모른다고 하여 계약서 제출을 요구하였으나 제출하지 않아 점유관계는 미상임					

	건물등기부	권리종류	권리자	채권최고액 (계:75,650,000)	비고	소멸여부
1	2003.05.16	소유권이전(매매)	서			
2	2005.06.09	압류	공단		말소기준등기	소멸
3	2006.11.23	근저당	박	30,650,000원		소멸
4	2008.05.01	주택임차권(건물의전부)	김	45,000,000원	전입:2006.11.13 확정:2006.11.13	소멸
5	2009.01.08	압류	시			소멸
6	2009.02.11	강제경매	김	청구금액: 45,000,000원	2009타경9019	소멸
주의 사항	☞신청채권은 2008.5.1.접수 제8459호 주택임차권등기와 동일 채권임					

[그림 5-8] **굿옥션의 사건 검색 내용**

주 소	경기 의왕시 내손동 미원파크빌 101동 508호		총 별	오피스텔	세금	6.50%	대출가능액	80%	임대보증금	5,000,000
사건번호	2009타경 5408	입찰기일	2009.06.30	감 정 가	65,000,000	명도비용	0	이자	6.50%	월임대료	450,000
법 원	경매2계	입찰방법	기일입찰	최 저 가	65,000,000	기타비용	0	투자기간(월)			

요율표	입찰예가	부대비용	부대비용율	총 투자액	대출 가능액	임대보증금	실투자액	연임대료	대출이자	연임대수익	임대수익률
107%	69,550,000	4,520,750	6.5%	74,070,750	55,640,000	5,000,000	13,430,750	5,400,000	3,616,600	1,783,400	13.3%
106%	68,900,000	4,478,500	6.5%	73,378,500	55,120,000	5,000,000	13,258,500	5,400,000	3,582,800	1,817,200	13.7%
105%	68,250,000	4,436,250	6.5%	72,686,250	54,600,000	5,000,000	13,086,250	5,400,000	3,549,000	1,851,000	14.1%
104%	67,600,000	4,394,000	6.5%	71,994,000	54,080,000	5,000,000	12,914,000	5,400,000	3,515,200	1,884,800	14.6%
103%	66,950,000	4,351,750	6.5%	71,301,750	53,560,000	5,000,000	12,741,750	5,400,000	3,481,400	1,918,600	15.1%
102%	66,300,000	4,309,500	6.5%	70,609,500	53,040,000	5,000,000	12,569,500	5,400,000	3,447,600	1,952,400	15.5%
101%	65,650,000	4,267,250	6.5%	69,917,250	52,520,000	5,000,000	12,397,250	5,400,000	3,413,800	1,986,200	16.0%
100%	65,000,000	4,225,000	6.5%	69,225,000	52,000,000	5,000,000	12,225,000	5,400,000	3,380,000	2,020,000	16.5%
90%	58,500,000	3,802,500	6.5%	62,302,500	46,800,000	5,000,000	10,502,500	5,400,000	3,042,000	2,358,000	22.5%
89%	57,850,000	3,760,250	6.5%	61,610,250	46,280,000	5,000,000	10,330,250	5,400,000	3,008,200	2,391,800	23.2%
88%	57,200,000	3,718,000	6.5%	60,918,000	45,760,000	5,000,000	10,158,000	5,400,000	2,974,400	2,425,600	23.9%
87%	56,550,000	3,675,750	6.5%	60,225,750	45,240,000	5,000,000	9,985,750	5,400,000	2,940,600	2,459,400	24.6%
86%	55,900,000	3,633,500	6.5%	59,533,500	44,720,000	5,000,000	9,813,500	5,400,000	2,906,800	2,493,200	25.4%
85%	55,250,000	3,591,250	6.5%	58,841,250	44,200,000	5,000,000	9,641,250	5,400,000	2,873,000	2,527,000	26.2%
84%	54,600,000	3,549,000	6.5%	58,149,000	43,680,000	5,000,000	9,468,000	5,400,000	2,839,200	2,560,800	27.0%
83%	53,950,000	3,506,750	6.5%	57,456,750	43,160,000	5,000,000	9,296,750	5,400,000	2,805,400	2,594,600	27.9%
82%	53,300,000	3,464,500	6.5%	56,764,500	42,640,000	5,000,000	9,124,500	5,400,000	2,771,600	2,628,400	28.8%
81%	52,650,000	3,422,250	6.5%	56,072,250	42,120,000	5,000,000	8,952,250	5,400,000	2,737,800	2,662,200	29.7%
80%	52,000,000	3,380,000	6.5%	55,380,000	41,600,000	5,000,000	8,780,000	5,400,000	2,704,000	2,696,000	30.7%
79%	51,350,000	3,337,750	6.5%	54,687,750	41,080,000	5,000,000	8,607,750	5,400,000	2,670,200	2,729,800	31.7%
78%	50,700,000	3,295,500	6.5%	53,995,500	40,560,000	5,000,000	8,435,500	5,400,000	2,636,400	2,763,600	32.8%

일반매매	매매가	추가비용				비율(%)	합계
		등기비	중개수수료	기타	소계		
	68,000,000	2,040,000	340,000	-	2,380,000	3.5%	70,380,000

[그림 5-9] **의왕시 내손동 오피스텔 물건의 입찰계산표**

[그림 5-9]는 오피스텔 입찰계산표이다.

오피스텔은 수익형 물건으로 최근에 많은 투자자들의 관심 물건이며, 점차 오피스텔의 경매 수요가 많아질 것으로 예상되는 반면 물건이 줄어들고 있어서, 높은 경쟁률이 예상된다.

오피스텔은 다른 경매물건과 달리 1회 유찰 후 80% 정도에 입찰을 하기보다는 신건부터 조사하여 수익률을 확인하고 수익률이 10% 이상이면 신건에도 응찰을 할 필요가 있으나, 수익률이 10% 미만이면 유찰 후에 입찰을 준비해야 한다(2회 유찰시 엄청난 경쟁률 예상).

이 물건은 의왕 내손동 소재 오피스텔로 인근에 계원예술대학과 쇼핑센터 등이 있으며 오피스텔 밀집지역으로 감정가는 6,500만 원이나 시세는 6,700만 원으로 시세차익을 얻기에는 무리가 있는 물건이다. 하지만 103%에 입찰하여 낙찰을 받는다면 수익률 14% 정도를 얻을 수 있는 물건으로 신건에도 4명이 응찰했다.

오피스텔 물건 응찰 시에는 몇 백만 원의 차익을 생각하기보다는 고정적인 임대수익을 생각하여 낙찰 받기를 권한다.

오피스텔은 경매로 낙찰 시 대출은 낙찰가의 80%, 금리 6.5% 정도이다. 대출을 활용하고, 명도 후에 임대하여 보증금을 회수하면, 투자금을 1,000만 원대로 투자하면서 수익률을 최대로 끌어 올릴 수 있다.

서울과 수도권의 오피스텔 수익률은 10~13% 정도로 투자하고, 지방의 경우에는 15~17% 정도의 수익률에 맞춰 가격을 책정하여 응찰하기를 권한다(경쟁률이 높아진다면 수익률은 1~2% 하향 조정이 필요함).

4) 사례-4

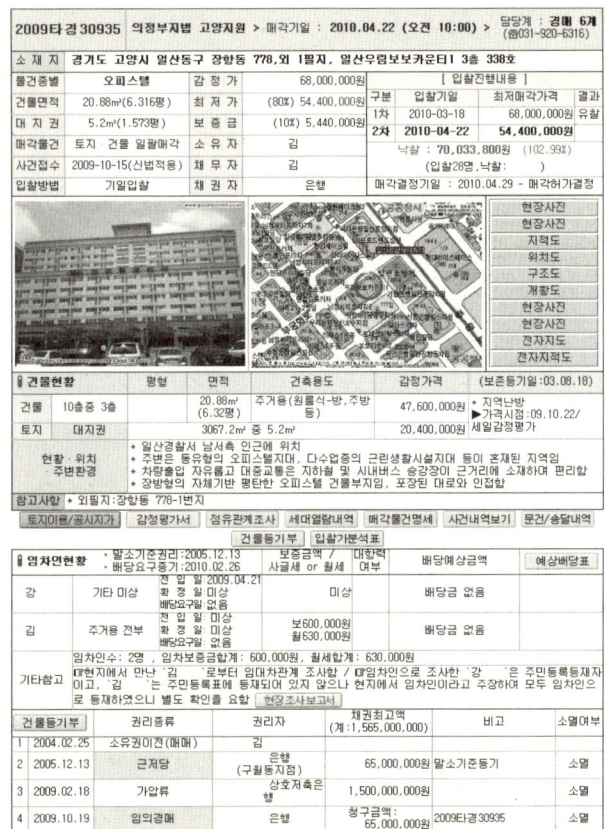

[그림 5-10] 굿옥션의 사건 검색 내용

고양시 장항동에 위치한 오피스텔로 인근은 업무시설 및 오피스텔 밀집지역으로 인근 정발산역이 위치해 있으

step 5. 낙찰가 산정하기

며, 시세는 6,800만 원, 전세 5,000만 원, 월세는 보증금 500만 원/월 45만 원이다.

이 물건은 2010년 3월 신건에 응찰을 하려 준비하여 입찰계산표를 작성하니, 수익률이 15% 정도였는데, 불행하게도 입찰 당일에 법원에 응찰을 못하여 유찰이 되었다.

신건에 조용히 6,834만 원에 응찰을 했다면 높은 수익률이었으나 1회 유찰되어 4월 22일에 5,440만 원에 진행이 되어 28명의 경쟁자가 응찰하여 감정가를 상회하는 가격으로 낙찰되었다.

그러므로 오피스텔은 신건부터 입찰을 준비하여 수익률이 나온다면 응찰하고, 수익률이 10% 미만이라면 응찰을 피하는 것이 좋다.

주 소	고양시 장항동 우림보보카운티 338호			종 별	오피스텔	세금	5.00%	대출가능액	80%	임대보증금	5,000,000
사건번호	2009타경 30935	입찰기일	2010.04.22	감정가	68,000,000	명도비용	0	이자	6.50%	월임대료	450,000
법 원	경매6계	입찰방법	기일입찰	최저가	54,400,000	기타비용	0	투자기간(월)			

요율표	입찰예가	부대비용	부대비용	총 투자액	대출 가능액	임대보증금	실투자액	연임대료	대출이자	연임대수익	임대수익률
107%	72,760,000	3,638,000	5.0%	76,398,000	58,208,000	5,000,000	13,190,000	5,400,000	3,783,520	1,616,480	12.3%
106%	72,080,000	3,604,000	5.0%	75,684,000	57,664,000	5,000,000	13,020,000	5,400,000	3,748,160	1,651,840	12.7%
105%	71,400,000	3,570,000	5.0%	74,970,000	57,120,000	5,000,000	12,850,000	5,400,000	3,712,800	1,687,200	13.1%
104%	70,720,000	3,536,000	5.0%	74,256,000	56,576,000	5,000,000	12,680,000	5,400,000	3,677,440	1,722,560	13.6%
103%	70,040,000	3,502,000	5.0%	73,542,000	56,032,000	5,000,000	12,510,000	5,400,000	3,642,080	1,757,920	14.1%
102%	69,360,000	3,468,000	5.0%	72,828,000	55,488,000	5,000,000	12,340,000	5,400,000	3,606,720	1,793,280	14.5%
101%	68,680,000	3,434,000	5.0%	72,114,000	54,944,000	5,000,000	12,170,000	5,400,000	3,571,360	1,828,640	15.0%
100%	68,000,000	3,400,000	5.0%	71,400,000	54,400,000	5,000,000	12,000,000	5,400,000	3,536,000	1,864,000	15.5%
80%	54,400,000	2,720,000	5.0%	57,120,000	43,520,000	5,000,000	8,600,000	5,400,000	2,828,800	2,571,200	29.9%
79%	53,720,000	2,686,000	5.0%	56,406,000	42,976,000	5,000,000	8,430,000	5,400,000	2,793,440	2,606,560	30.9%
78%	53,040,000	2,652,000	5.0%	55,692,000	42,432,000	5,000,000	8,260,000	5,400,000	2,758,080	2,641,920	32.0%
77%	52,360,000	2,618,000	5.0%	54,978,000	41,888,000	5,000,000	8,090,000	5,400,000	2,722,720	2,677,280	33.1%
76%	51,680,000	2,584,000	5.0%	54,264,000	41,344,000	5,000,000	7,920,000	5,400,000	2,687,360	2,712,640	34.3%
75%	51,000,000	2,550,000	5.0%	53,550,000	40,800,000	5,000,000	7,750,000	5,400,000	2,652,000	2,748,000	35.5%
74%	50,320,000	2,516,000	5.0%	52,836,000	40,256,000	5,000,000	7,580,000	5,400,000	2,616,640	2,783,360	36.7%
73%	49,640,000	2,482,000	5.0%	52,122,000	39,712,000	5,000,000	7,410,000	5,400,000	2,581,280	2,818,720	38.0%
72%	48,960,000	2,448,000	5.0%	51,408,000	39,168,000	5,000,000	7,240,000	5,400,000	2,545,920	2,854,080	39.4%
71%	48,280,000	2,414,000	5.0%	50,694,000	38,624,000	5,000,000	7,070,000	5,400,000	2,510,560	2,889,440	40.9%
70%	47,600,000	2,380,000	5.0%	49,980,000	38,080,000	5,000,000	6,900,000	5,400,000	2,475,200	2,924,800	42.4%
69%	46,920,000	2,346,000	5.0%	49,266,000	37,536,000	5,000,000	6,730,000	5,400,000	2,439,840	2,960,160	44.0%
68%	46,240,000	2,312,000	5.0%	48,552,000	36,992,000	5,000,000	6,560,000	5,400,000	2,404,480	2,995,520	45.7%

일반매매	매매가	추가비용					합계
		등기비	중개수수료	기타	소계	비율(%)	
	68,000,000	2,040,000	340,000	-	2,380,000	3.5%	70,380,000

[그림 5-11] **고양시 장항동 오피스텔 물건의 입찰계산표**

5) 사례-5

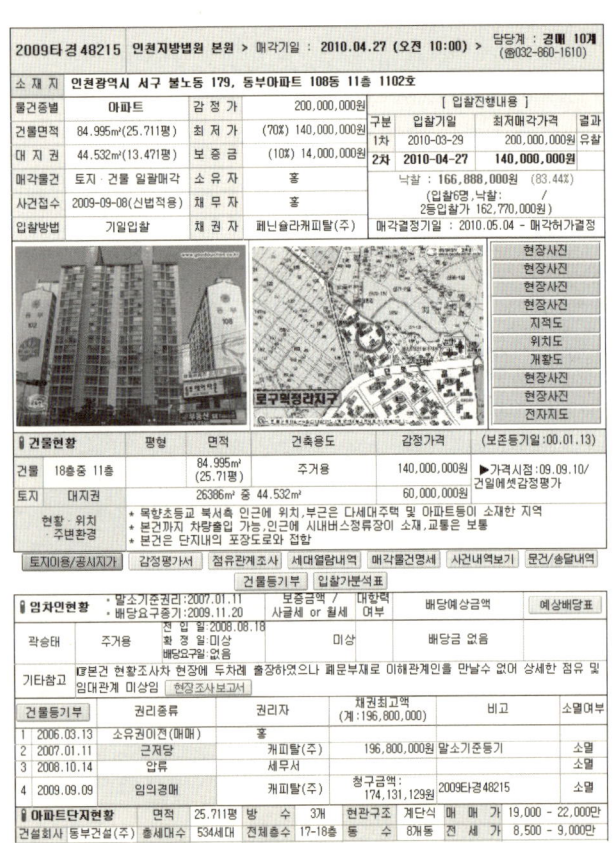

[그림 5-12] **굿옥션의 사건 검색 내용**

인근의 아파트 낙찰 사례를 참조하면 1회 유찰 70%에서 5~7명의 경쟁자가 응찰하여 83~86%선에서 낙찰이

step 5. 낙찰가 산정하기

09-42750 아파트	2	인천광역시 서구 불로동 312-2 외 2필지, 퀸스타운신명아파트 105동 6층 603호 [불로동 퀸스타운신명아파트 105동 603호 25.71평]	210,000,000 147,000,000 (70%) 175,300,000 (83%)	낙찰	2010-01-28 (10:00)
09-45599 아파트	6	인천광역시 서구 불로동 179, 동부아파트 104동 16층 1602호 [불로동 동부아파트 104동 1602호 25.71평]	220,000,000 154,000,000 (70%) 187,300,000 (85%)	낙찰	2010-01-20 (10:00)
09-28877 아파트	13	인천광역시 서구 불로동 179, 동부아파트 102동 3층 302호 [불로동 동부아파트 102동 302호 18.13평]	145,000,000 101,500,000 (70%) 125,100,000 (86%)	낙찰	2010-01-06 (10:00)
09-42873 아파트	13	인천광역시 서구 불로동 312-2 외 2필지, 퀸스타운신명아파트 105동 8층 801호 [불로동 퀸스타운신명아파트 105동 801호 25.71평]	220,000,000 154,000,000 (70%) 188,880,000 (86%)	낙찰	2010-01-06 (10:00)

[그림 5-13] **굿옥션의 인천 서구 불로동 인근 아파트 낙찰 사례**

되는 것을 확인할 수 있다.

인천 서구의 아파트는 인근 김포의 한강 신도시의 분양 물량으로 경쟁률과 낙찰가가 다른 때에 비해 낮게 낙찰되고 있다.

최저가는 70% 1억 4,000만 원이고, 천 단위로 나누어 1억 5,000만 원에 동그라미 표시, 그리고 요율의 80%인 1억 6,000만 원에 동그라미 표시를 한다.

그리고 오른쪽의 매매차익을 참조하여 보면 2,700만 원의 차익이 보이므로 낙찰가는 조금 더 올려보면 1억 6,400만 원과 1억 6,500만 원을 넘긴, 1억 6,700만 원 정도의 입찰가로 압축해볼 수 있다. 매매차익을 2,000만 원 정도로 정하고 응찰을 결정했다.

입찰계산표

주 소	인천시 서구 불로동 179 동부아파트 108동 1102호			종 별	아파트	채권자	페닌슐라캐피탈	비고
사건번호	2009타경48215	감정가	200,000,000	입찰기일	'2010.04.27	소유자	홍은표	
법원	경매10계	최저가	140,000,000	입찰방법	기일입찰	채무자	홍은표	

요율표	입찰예가	부대비용					합계	목록기 대비차액
		세금	명도비용	수수료	소계	비율		
90%	180,000,000	8,100,000	2,000,000	0	10,100,000	5.61%	190,100,000	6,550,000
89%	178,000,000	8,010,000	2,000,000	0	10,010,000	5.62%	188,010,000	8,640,000
88%	176,000,000	7,920,000	2,000,000	0	9,920,000	5.64%	185,920,000	10,730,000
87%	174,000,000	7,830,000	2,000,000	0	10,030,000	5.65%	103,030,000	12,820,000
86%	172,000,000	7,740,000	2,000,000	0	9,740,000	5.66%	181,740,000	14,910,000
85%	170,000,000	7,650,000	2,000,000	0	9,650,000	5.68%	179,650,000	17,000,000
84%	168,000,000	7,560,000	2,000,000	0	9,560,000	5.69%	177,560,000	19,090,000
83%	166,000,000	7,470,000	2,000,000	0	9,470,000	5.70%	175,470,000	21,180,000
82%	164,000,000	7,380,000	2,000,000	0	9,380,000	5.72%	173,380,000	23,270,000
81%	162,000,000	7,290,000	2,000,000	0	9,290,000	5.73%	171,290,000	25,360,000
80%	160,000,000	7,200,000	2,000,000	0	9,200,000	5.75%	169,200,000	27,450,000
79%	158,000,000	7,110,000	2,000,000	0	9,110,000	5.77%	167,110,000	29,540,000
78%	156,000,000	7,020,000	2,000,000	0	9,020,000	5.78%	165,020,000	31,630,000
77%	154,000,000	6,930,000	2,000,000	0	8,930,000	5.80%	162,930,000	33,720,000
76%	152,000,000	6,840,000	2,000,000	0	8,840,000	5.82%	160,840,000	35,810,000
75%	150,000,000	6,750,000	2,000,000	0	8,750,000	5.83%	158,750,000	37,900,000
74%	148,000,000	6,660,000	2,000,000	0	8,660,000	5.85%	156,660,000	39,990,000
73%	146,000,000	6,570,000	2,000,000	0	8,570,000	5.87%	154,570,000	42,080,000
72%	144,000,000	6,480,000	2,000,000	0	8,480,000	5.89%	152,480,000	44,170,000
71%	142,000,000	6,390,000	2,000,000	0	8,390,000	5.91%	150,390,000	46,260,000
70%	140,000,000	6,300,000	2,000,000	0	8,300,000	5.93%	148,300,000	48,350,000
69%	138,000,000	6,210,000	2,000,000	0	8,210,000	5.95%	146,210,000	50,440,000
68%	136,000,000	6,120,000	2,000,000	0	8,120,000	5.97%	144,120,000	52,530,000
67%	134,000,000	6,030,000	2,000,000	0	8,030,000	5.99%	142,030,000	54,620,000
66%	132,000,000	5,940,000	2,000,000	0	7,940,000	6.02%	139,940,000	56,710,000
65%	130,000,000	5,850,000	2,000,000	0	7,850,000	6.04%	137,850,000	58,800,000
64%	128,000,000	5,760,000	2,000,000	0	7,760,000	6.06%	135,760,000	60,890,000

매매가	추가비용				합계	비고
	등기비	중개수수료	기타	소계	비율(%)		
190,000,000	5,700,000	950,000		6,650,000	3.50%	196,650,000	

[그림 5-14] **인천서구 불로동 아파트 물건의 입찰계산표**

step 5. 낙찰가 산정하기

6) 사례-6

2009타경20738	서울동부지방법원 본원 > 매각기일 : 2010.06.14 (오전 10:00) >	담당계 : 경매 2계 (營02-2204-2406)		
소 재 지	서울특별시 송파구 풍납동 506,외 1필지, 동아한가람아파트 103동 10층 1001호			
물건종별	아파트	감 정 가	570,000,000원	[입찰진행내용] 입찰 3일전
건물면적	84.38m²(25.525평)	최 저 가	(64%) 364,800,000원	구분 / 입찰기일 / 최저매각가격 / 결과
대 지 권	27.87m²(8.431평)	보 증 금	(10%) 36,480,000원	1차 2010-03-22 570,000,000원 유찰
매각물건	토지·건물 일괄매각	소 유 자	박	2차 2010-05-03 456,000,000원 유찰
사건접수	2009-09-15(신법적용)	채 무 자	박	3차 2010-06-14 364,800,000원
입찰방법	기일입찰	채 권 자	금고	

건물현황	평형	면적	건축용도	감정가격	(보존등기일:95.07.13)
건물 17층중 10층		84.38m² (25.52평)	방3,주방겸식당,거실,욕실겸화장실2,발코니 등	399,000,000원	• 사용승인:1995.06월 • 도시가스 난방 ▶가격시점:09.09.23/ 안국감정평가
토지 대지권		22661.8m² 중 27.87m²		171,000,000원	
현황·위치 주변환경	• "풍납초등학교" 북서측 인근에 위치 • 부근은 아파트 및 다세대, 연립주택 등 공동주택과 단독주택이 형성되어 있는 주거지대 • 인근에 다양한 근린생활시설 및 편의시설 등이 소재 • 본건까지 차량출입 가능, 인근에 버스정류장 및 전철 5·8호선 "천호역"이 위치하여 대중교통편의도 무난, 부정형 토지 • 아파트 단지내 도로가 개설되어 있고 단지내 도로를 통하여 외부도로의 접근이 가능				
참고사항	• 외필지 풍납동 507 소재				

토지이용/공시지가 | 감정평가서 | 점유관계조사 | 세대열람내역 | 매각물건명세 | 사건내역보기 | 문건/송달내역
건물등기부 | 입찰가분석표

임차인현황	• 배당요구종기:2009.11.23	=== 조사된 임차내역 없음 ===		예상배당표
기타참고	☑본건 목적물 소재지에 출장한 바,문이 잠겨있고 거주자가 부재중이여서 조사하지 못하였음 ☑관할 동사무소에 주민등록등재자를 조사한 바,소유자 박 이 등재되어있음			현장조사보고서

건물등기부	권리종류	권리자	채권최고액 (계:626,800,000)	비고	소멸여부
1	1995.10.07	소유권이전(매매)	박		1996년6월5일 가등기에 기한 본등기 이행	
2	2008.04.29	근저당	금고	436,800,000원 말소기준등기		소멸
3	2009.08.05	가압류	산업(주)	150,000,000원		소멸
4	2009.09.16	임의경매	금고	청구금액: 375,990,440원	2009타경20738	소멸
5	2009.12.23	가압류	보험(주)	40,000,000원		소멸

아파트단지현황	면적	25.525평	방 수	3개	현관구조	계단식	매 매 가	45,000 ~ 58,000 만
건설회사	동아건설(주)	총세대수	782세대	전체층수	11~18층	동	7개동	전 세 가	18,000 ~ 22,000 만
입주년도	1994.12	버스노선	1개노선	난방방식/연료	개별난방/도시가스	관리사무소	☎02)485-0844	
교통시설	풍납초,영동여중,영파여중,잠실고,영파여고				편의시설	현대백화점,E-마트,서울아산병원,킴스클럽,한강시민공원,올림픽공원		
교통시설	5,8호선 천호역 도보 10 분							
관리비 등 체납내역	조사일 2010.03.15 현재		체납액		체납기간		담당사무소	담당자
	관리비	금 954,640원					02-485-0844	
	기타참고	1월까지.						

[그림 5-15] **굿옥션의 사건 검색 내용**

6월 11일 오후 3시에 본 물건을 조사하러 현장을 방문했다. 앞에서 말한 대로 아파트의 임장 조사는 보통 입찰 전날에 방문해 조사하는데, 이번에는 입찰일이 월요일인 관계로 금요일에 관리실과 부동산 중개업소, 동사무소를 방문했다.

 먼저 아파트의 관리사무소를 방문해 관리비 연체를 확인했다. 경매 사이트에는 관리비 연체가 95만 원 정도로 기록되었으나, 실제로 확인해보니 136만 원이 연체되었다. 무려 10개월이 연체되어 담당 직원에게 장기 연체의 사유를 확인하니 공실이라 하여, 집안에 짐이 있는지를 확인한 결과 10개월 전에 이사를 했다 한다.

 경쟁자를 파악하기 위해 관리비를 문의한(전화, 직접 방문) 사람이 10명이 넘느냐는 유도 질문을 하니 10명은 넘는다 대답하여 20명은 넘는지를 다시 물으니 그 정도 문의했다는 답변을 얻었다.

 다음으로 아파트 인근의 중개업소 3곳을 방문해 경매 물건 조사차 방문했다고 말하니 친절하게 최근의 거래동향과 시세를 알려주었다. 물론 부동산 거래가 멈춰 있는 상황이지만 최근에 거래된 사례와 매도자 물건 가격의 호가와 급매가를 확인했다.

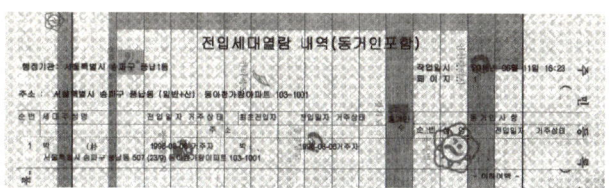
[그림 5-16] **동사무소에서 확인한 전입세대열람 내역서**

또한 얼마나 많은 경쟁자들이 방문했는지를 확인해보니 마찬가지로 치열했다. 2회 유찰되어 64%의 가격에 경매가 진행되니 당연한 결과이다.

마지막으로 주민센터를 방문(6월 11일 16시 23분)해 세대열람 신청서를 작성하여 전입세대열람을 했다. 담당 직원에게 본건의 세대열람자가 얼마나 되는지 확인해보니 오늘만 10명이 넘고, 최근에 열람을 한 인원이 20여 명 정도라고 말해주었다.

시세는 4억 6,000만 원, 관리비 연체 136만 원, 도시가스비 연체 62만 원(도시가스비는 지역관리소에 문의 - 도시가스비는 낙찰자 부담이 아님), 경쟁자 20명 이상으로 파악해서 본 물건의 입찰계산표를 [그림 5-17]과 같이 작성했다.

입 찰 계 산 표

주 소	서울시 송파구 풍납동 동아한가람@ 103동 1001호		종 별	아파트	채 권 자	안산서부새마을	비고
사건번호	2009타경20738	감정가	570,000,000	입찰기일	'2010.06.14	소 유 자	박상두	
법 원	경매2계	최저가	364,800,000	입찰방법	기일입찰	채 무 자	박상두	

요율표	입찰예가	부대비용					합계	매매가 대비차액
		세금	명도비용	수수료	소계	비율		
90%	513,000,000	15,390,000	2,000,000	0	17,390,000	3.39%	530,390,000	-54,290,000
89%	507,300,000	15,219,000	2,000,000	0	17,219,000	3.39%	524,519,000	-48,419,000
88%	501,600,000	15,048,000	2,000,000	0	17,048,000	3.40%	518,648,000	-42,548,000
87%	495,900,000	14,877,000	2,000,000	0	16,877,000	3.40%	512,777,000	-36,677,000
86%	490,200,000	14,706,000	2,000,000	0	16,706,000	3.41%	506,906,000	-30,806,000
85%	484,500,000	14,535,000	2,000,000	0	16,535,000	3.41%	501,035,000	-24,935,000
84%	478,800,000	14,364,000	2,000,000	0	16,364,000	3.42%	495,164,000	-19,064,000
83%	473,100,000	14,193,000	2,000,000	0	16,193,000	3.42%	489,293,000	-13,193,000
82%	467,400,000	14,022,000	2,000,000	0	16,022,000	3.43%	483,422,000	-7,322,000
81%	461,700,000	13,851,000	2,000,000	0	15,851,000	3.43%	477,551,000	-1,451,000
80%	456,000,000	13,680,000	2,000,000	0	15,680,000	3.44%	471,680,000	4,420,000
79%	450,300,000	13,509,000	2,000,000	0	15,509,000	3.44%	465,809,000	10,291,000
78%	444,600,000	13,338,000	2,000,000	0	15,338,000	3.45%	459,938,000	16,162,000
77%	438,900,000	13,167,000	2,000,000	0	15,167,000	3.45%	454,067,000	22,033,000
76%	433,200,000	12,996,000	2,000,000	0	14,996,000	3.46%	448,196,000	27,904,000
75%	427,500,000	12,825,000	2,000,000	0	14,825,000	3.47%	442,325,000	33,775,000
74%	421,800,000	12,654,000	2,000,000	0	14,654,000	3.47%	436,454,000	39,646,000
73%	416,100,000	12,483,000	2,000,000	0	14,483,000	3.48%	430,583,000	45,517,000
72%	410,400,000	12,312,000	2,000,000	0	14,312,000	3.49%	424,712,000	51,388,000
71%	404,700,000	12,141,000	2,000,000	0	14,141,000	3.49%	418,841,000	57,259,000
70%	399,000,000	11,970,000	2,000,000	0	13,970,000	3.50%	412,970,000	63,130,000
69%	393,300,000	11,799,000	2,000,000	0	13,799,000	3.51%	407,099,000	69,001,000
68%	387,600,000	11,628,000	2,000,000	0	13,628,000	3.52%	401,228,000	74,872,000
67%	381,900,000	11,457,000	2,000,000	0	13,457,000	3.52%	395,357,000	80,743,000
66%	376,200,000	11,286,000	2,000,000	0	13,286,000	3.53%	389,486,000	86,614,000
65%	370,500,000	11,115,000	2,000,000	0	13,115,000	3.54%	383,615,000	92,485,000
64%	364,800,000	10,944,000	2,000,000	0	12,944,000	3.55%	377,744,000	98,356,000

매매가	추가비용					합계	비고
	등기비	중개수수료	기타	소계	비율(%)		
460,000,000	13,800,000	2,300,000		16,100,000	3.50%	476,100,000	

[그림 5-17] 서울 풍납동 아파트 물건의 입찰계산표

step 5. 낙찰가 산정하기

입찰계산표 활용하기

1) 입찰계산표의 사용 방법

경매에서 가장 중요한 것은 낙찰이다. 그리고 더 중요한 것은 낙찰을 잘 받는 것인데, 누구든 다른 경쟁자와 큰 금액의 차이 없이 낙찰 받기를 원할 것이다. 그러나 입찰 전에 물건의 임장 조사 외에 특별한 준비를 못 하는 사람이 대부분일 것이다. 많은 사람이 입찰을 준비하며, 원칙 없이 싸게만 낙찰 받기를 원하기도 하고, 최근에 얼마에 낙찰되었으니 낙찰가의 몇 % 정도를 낙찰가로 산정해야 한다는 통계나, 또는 자신이 선호하는 숫자를 써서 응찰을 한다. 심지어 경쟁자가 있음에도 최저가 입찰을 하다보니, 여러 번 응찰해도 결과는 뻔하고, 아무리 좋은 물건이 나와도 마찬가지로 낭패를 보는 경우가 부지기수일 것이다.

　많은 사람들이 법원에 입찰을 준비하며 방문하지만 본인이 응찰하는 물건의 가격이 감정가 대비 몇 %인지, 세금은 얼마 정도이고, 명도비용을 포함해서 전체의 비용이 얼마인지 또는 응찰가격이 상황에 따라 변동된다면 그 가격은 어떻게 되는지 바로 계산하기는 어려운 일이다. 따라서 입찰계산표라는 원칙을 만들어 좀 더 정확한 낙찰가를 책정하는 데 기준이 될 만한 지표로 삼는 것이 많은 도움이 된다. 입찰계산표를 적절히 사용한다면 다른 경쟁자들의 가격을 읽어내면서 입찰가격을 정할 수도 있다.

　입찰계산표는 입찰을 준비하는 사람들이라면 꼭 필요한 도구이고, 응찰 시 경쟁자의 심리를 읽는 데도 유용하므로 제대로 활용하는 방법을 숙지해, 낙찰 시 입찰자가 원하는 결과를 낼 수 있도록 하자.

　입찰계산표는 두 가지가 있다.

　첫째는 일반 매매 차익형의 입찰계산표이다. 매매 차익형의 입찰계산표를 사용하기 위해서 가장 중요한 부분은 시세를 정확히 파악하는 것이다. 시세는 입찰가를 정확히 산정하기 위한 과녁의 역할을 하기 때문에 정확한 시세가 필요하다. 만일 물건의 시세를 정확하게 확인하지 못하거나, 얼마인지 알 수 없다면 입찰계산표로 응찰가를 산정할 수 없다.

입찰계산표는 하나의 도구이므로 특별한 공식이 있는 것은 아니지만 물건을 조사해 분석된 임차인, 소유자의 명도비용과 관리비 연체와 경쟁자 파악, 인근의 낙찰 사례 등을 종합적으로 판단해 입찰계산표 안에 녹여 넣어야만 제대로 입찰계산표를 활용할 수 있다.

둘째는 임대 수익형 부동산의 입찰계산표가 있다. 앞에서 말한 매매 차익형 입찰계산표와 달리 임대 수익형 입찰계산표는 물건의 임대 수익을 계산해 낙찰가를 산정하는 방식으로 매매 차익형 입찰계산표의 심리적인 가격을 찾는 방법에 수익률을 산정할 수 있게 만들었다.

임대 수익형 부동산의 입찰계산표를 작성하기 위해서는 앞에서 말한 명도비용, 관리비 연체, 시세, 임대가 등을 조사해야 한다. 가장 중요한 부분이 임대가와 대출인데, 임대 수익에서 대출이자를 뺀 나머지가 수익률로 원하는 수익률을 기준으로 응찰할 수 있다.

임대 수익형 부동산이 수회 유찰되어 싸게 나온 물건

이라도 수익률이 예를 들어 10% 미만의 물건이라면 입찰을 고려해야 하지만 수익률은 입찰가마다 변하므로 계산하기에 어려움이 있다.

이 입찰계산표에 부대비용과 임대가, 대출금액, 대출이율 등을 입력해 계산하면 본인이 응찰하는 가격의 수익률이 얼마인지를 파악하고 응찰할 수 있다.

2) 입찰계산표 만들기

입찰계산표는 엑셀로 만들어진 문서파일이므로, 수정하거나 변경이 자유롭기 때문에 개인의 편의에 따라서 좀 더 편리하게 수정 보완해 사용할 수 있다.

입찰계산표는 부동산 차트연구소(www.rme.co.kr) 사이트에서 다운로드가 가능하다. 다운로드를 하기 위해서는 우선, 부동산 차트연구소에 회원 가입을 하고 로그인한다.

다음으로 '경매/공매'를 클릭한다.

마지막으로 '경매/공매' 하단에 '부동산 경매 입찰계산표를' 클릭하면 첨부파일을 다운로드할 수 있다.

[그림 5-18] **부동산 차트연구소 사이트의 초기화면**

① 매매 차익형 입찰계산표 만들기

매매 차익형 입찰계산표를 만들기 위해서는 우선 입찰계산표 하단에 일반 매매가를 입력해야 한다. 일반 매매가는 시세를 조사해 입력하는데, 입찰하는 가격에 비용을 포함해 얼마나 시세 차익을 얻을 수 있는지 알 수 있는 기준이다. 조사한 시세를 입력하면 세금과 부동산 중개수수료를 포함한 합계가 일반 매매로 취득한 가격이다.

그리고 응찰하려는 물건의 상세 내역을 입찰계산표 상단에 입력한다. 사건번호, 감정가, 최저가, 채권자, 채무자,

소유자 등을 입력한다. 감정가를 입력하고, 요율표에 요율을 입력, 예상되는 명도비용 등을 입력하면 응찰가격에 따른 비용과 합계, 매매 차익을 알아볼 수 있다.

			입찰계산표					
주 소	인천시 서구 불로동 179 동부아파트 108동 1102호			종 별	아파트	채권자	페닌슐라캐피탈	비고
사건번호	2009타경48215	감정가	200,000,000	입찰기일	'2010.04.27	소유자	홍은표	
입 원	경매10계	최저가	140,000,000	입찰방식	기일입찰	채무자	홍은표	
요율표	입찰매가	부대비용					합계	물 권 가 대비차액
		세금	명도비용	수수료	소계	비율		
90%	180,000,000	8,100,000	2,000,000	0	10,100,000	5.61%	190,100,000	6,550,000
89%	178,000,000	8,010,000	2,000,000	0	10,010,000	5.62%	188,010,000	8,640,000
88%	176,000,000	7,920,000	2,000,000	0	9,920,000	5.64%	185,920,000	10,730,000
87%	174,000,000	7,830,000	2,000,000	0	9,830,000	5.65%	183,830,000	12,820,000
86%	172,000,000	7,740,000	2,000,000	0	9,740,000	5.66%	181,740,000	14,910,000
85%	170,000,000	7,650,000	2,000,000	0	9,650,000	5.68%	179,650,000	17,000,000
84%	168,000,000	7,560,000	2,000,000	0	9,560,000	5.69%	177,560,000	19,090,000
83%	166,000,000	7,470,000	2,000,000	0	9,470,000	5.70%	175,470,000	21,180,000
82%	164,000,000	7,380,000	2,000,000	0	9,380,000	5.72%	173,380,000	23,270,000
	배배가	추가비용					합계	비고
		등기비	중개수수료	기타	소계	비율(%)		
	190,000,000	5,700,000	950,000		6,650,000	3.50%	196,650,000	

[그림 5-19] **매매 차익형 입찰계산표**

② 임대 수익형 입찰계산표 만들기

임대 수익형 입찰계산표를 만들기 위해서는 입찰계산표 상단에 물건의 상세 내역인 사건번호, 물건의 주소지, 감정가, 최저가 등을 기록하고 세금의 요율(주택 외 4%이나, 대출에 따른 설정비용, 등기이전 비용을 고려해 6.5% 정도로 책정), 대출을 받고자 하는 요율, 대출이율, 임대보증금, 월임대료, 명도비용 등을 입력하면 자동적으로 응찰하는 가격 대비 임대 수익율을 산출할 수 있다.

step 5. 낙찰가 산정하기

주 소	경기 의왕시 내손동 미원파크빌 101동 508호			종 별	오피스텔	세금	6.50%	대출가능액	80%	임대보증금	5,000,000
사건번호	2009타경 5408	입찰기일	2009.06.30	감정가	65,000,000	명도비용	0	이자	6.50%	월임대료	450,000
법 원	경매2계	입찰방법	기일입찰	최저가	65,000,000	기타비용	0	투자기간(월)			

요율표	입찰배가	부대비용	부대비율	총 투자액	대출 가능액	임대보증금	실투자액	연임대료	대출이자	연임대수익	임대수익률
105%	68,250,000	4,436,250	6.5%	72,686,250	54,600,000	5,000,000	13,086,250	5,400,000	3,549,000	1,851,000	14.1%
104%	67,600,000	4,394,000	6.5%	71,994,000	54,080,000	5,000,000	12,914,000	5,400,000	3,515,200	1,884,800	14.6%
103%	66,950,000	4,351,750	6.5%	71,301,750	53,560,000	5,000,000	12,741,750	5,400,000	3,481,400	1,918,600	15.1%
102%	66,300,000	4,309,500	6.5%	70,609,500	53,040,000	5,000,000	12,569,500	5,400,000	3,447,600	1,952,400	15.5%
101%	65,650,000	4,267,250	6.5%	69,917,250	52,520,000	5,000,000	12,397,250	5,400,000	3,413,800	1,986,200	16.0%
100%	65,000,000	4,225,000	6.5%	69,225,000	52,000,000	5,000,000	12,225,000	5,400,000	3,380,000	2,020,000	16.5%
99%	64,350,000	4,182,750	6.5%	68,532,750	51,480,000	5,000,000	12,052,750	5,400,000	3,346,200	2,053,800	17.0%
98%	63,700,000	4,140,500	6.5%	67,840,500	50,960,000	5,000,000	11,880,500	5,400,000	3,312,400	2,087,600	17.6%
100%	65,000,000	4,225,000	6.5%	69,225,000	52,000,000	5,000,000	12,225,000	5,400,000	3,380,000	2,020,000	16.5%
99%	64,350,000	4,182,750	6.5%	68,532,750	51,480,000	5,000,000	12,052,750	5,400,000	3,346,200	2,053,800	17.0%
98%	63,700,000	4,140,500	6.5%	67,840,500	50,960,000	5,000,000	11,880,500	5,400,000	3,312,400	2,087,600	17.6%
97%	63,050,000	4,098,250	6.5%	67,148,250	50,440,000	5,000,000	11,708,250	5,400,000	3,278,600	2,121,400	18.1%
96%	62,400,000	4,056,000	6.5%	66,456,000	49,920,000	5,000,000	11,536,000	5,400,000	3,244,800	2,155,200	18.7%
95%	61,750,000	4,013,750	6.5%	65,763,750	49,400,000	5,000,000	11,363,750	5,400,000	3,211,000	2,189,000	19.3%
94%	61,100,000	3,971,500	6.5%	65,071,500	48,880,000	5,000,000	11,191,500	5,400,000	3,177,200	2,222,800	19.9%
93%	60,450,000	3,929,250	6.5%	64,379,250	48,360,000	5,000,000	11,019,250	5,400,000	3,143,400	2,256,600	20.5%
92%	59,800,000	3,887,000	6.5%	63,687,000	47,840,000	5,000,000	10,847,000	5,400,000	3,109,600	2,290,400	21.1%
91%	59,150,000	3,844,750	6.5%	62,994,750	47,320,000	5,000,000	10,674,750	5,400,000	3,075,800	2,324,200	21.8%
90%	58,500,000	3,802,500	6.5%	62,302,500	46,800,000	5,000,000	10,502,500	5,400,000	3,042,000	2,358,000	22.5%
89%	57,850,000	3,760,250	6.5%	61,610,250	46,280,000	5,000,000	10,330,250	5,400,000	3,008,200	2,391,800	23.2%
88%	57,200,000	3,718,000	6.5%	60,918,000	45,760,000	5,000,000	10,158,000	5,400,000	2,974,400	2,425,600	23.9%

일반매매	매매가	추가비용				비율(%)	합계
		등기비	중개수수료	기타	소계		
	68,000,000	2,040,000	340,000	-	2,380,000	3.5%	70,380,000

[그림 5-20] **임대 수익형 입찰계산표**

그리고 입찰계산표 하단에 일반 매매가의 시세를 입력하면 응찰가에 대비해 매매 차익이 얼마인지도 확인할 수 있다.

매매 차익형 입찰계산표 만들기

1. 입찰계산표 상단의 주소, 사건번호, 감정가, 최저가, 채권자, 채무자, 소유자 등은 직접 입력한다.

2. 입찰계산표 좌측의 요율표는 응찰가보다 높은 요율로 책정하고 클릭하면 하단부에 요율 순서대로 나온다(85%, 84% ~~~~ 순서대로).
   예) 신건인 100%에 응찰한다면 110% 정도로 책정한다.
   최저가가 64%라면 요율표 상단을 85% 정도로 책정한다.

3. 입찰예가는 윗부분에 감정가와 최저가를 넣으면 자동으로 변경이 된다.
4. 세금 부분은 주택은 3% 정도로 정하지만 대출에 따른 설정비용 등을 고려해 4.5%로 정하고, 주택 외의 물건이라면 5%지만 비용 등을 계산해 6.5%로 책정해 값을 주면 된다.

5. 명도비용, 수수료 등은 별도의 비용이므로 필요 시에 적용해서 넣고, 없다면 0원으로 한다.
   예) 명도비용이 30평형대 아파트라면 300만 원 정도로 정하고 임차인이 전액배당을 받는 임차인이라면 0원으로 정한다.

6. 소계 부분은 응찰가 + 세금 + 명도비용 등을 합산한 가격으로 본인이 응찰하는 가격에 따라 전체의 비용을 알 수 있다. 그래야만 일반 매물로 구입하는 가격과 비교해 얼마나 싸게 사는지 차익을 알 수 있다.

7. 하단부에 별도 박스는 매매가를 작성해 넣는 칸이다. 일반 매물의 시세를 넣으면 자동으로 계산해 일반 매물로 부동산을 구입할 때의 가격을 알 수 있다. 가장 중요한 부분이기도 하다. 정확한 시세를 알 수 없다면 제대로 낙찰가를 산정할 수 없기 때문이다. 시세가 고정이 되어야만 정확하게 낙찰가를 설정할 수 있는데 여기서 시세는 과녁과 같은 역할을 한다. 임장을 하면서 어렵더라도 부동산을 적어도 3~5군데를 반드시 방문해 부동산의 시세 확인을 해야 한다.

임대 수익형 입찰계산표 만들기

임대 수익형 입찰계산표의 사용처는 주로 상가, 오피스텔 등의 수익형 부동산에 입찰할 때 수익률을 계산하기 위해 만든 입찰계산표이다. 대출을 활용한 수익률 계산을 통해 적정의 수익률과 낙찰가를 산정하는 방식의 입찰계산표이다.

1. 매매 차익형 입찰계산서와 같은 방법으로 주소, 사건번호, 감정가, 최저가 등을 입력한다.
   매매 차익형 입찰계산표와 다른 점은 세금을 입력할 때 주택 외의 물건들은 5%이나 대출에 따른 설정비 등을 고려해 6.5%로 책정하고 필요 시 맞는 요율을 적용한다.

2. 명도비용은 물건마다 다소 차이가 있으므로 상황에 따라 책정해 입력한다.

3. 대출 가능액은 낙찰자가 필요한 대출의 범위를 정하면 되는데 대출의 최고 한도를 경락잔금 대출의 80% 정도로 최대치를 적용한다(대출이 50%가 필요하다면 50%로 책정한다).

4. 이자 부분은 대출의 이율을 적용하는데 응찰 전 미리 대출을 상담해주는 대출 딜러와 상담한 후에 최근의 대출 이율 등을 반영해 적용한다.

5. 임대 보증금과 월임대료 부분은 임장을 통해 조사된 물건의 임대가를 적용해 입력하면 된다.

6. 이상의 것들을 입력했다면 입찰계산표 좌측의 요율표를 필요한 요율로 적용해 주면 전체적으로 요율이 변동된다.

7. 입찰계산표에 입력을 마쳤다면 출력해 읽어보자. 본인이 투자하려는 물건의 응찰가를 얼마를 쓴다면 수익률이 얼마인지를 미리 확인하고 원하는 수익률에 맞춰 응찰할 수 있다. 수익률은 개인마다 원하는 기준이 다소 차이가 있으므로 어느 정도의 수익률을 정해야 하는지를 언급하기엔 다소 무리가 있다.
   최근 들어 임대 수익형 물건의 인기가 높아지고 있어 임대 수익형 물건의 응찰 시에 꼭 필요한 입찰계산표이다. 처음 활용하는 사람이라면 생소하고 엑셀에 익숙하지 않은 사람이라면 어려울 수 있지만 몇 번만 잘 활용해 몸에 익힌다면 위력을 발휘할 수 있는 무기가 될 수 있다.

이상은 임대수익형 입찰계산표의 설명이다.
이 입찰계산표를 업그레이드시켜 주신 문지영 님께도 감사드리고 덕분에 많은 분들이 편안하게 사용하시기 바란다.

Seven Days Master Series

step 6

낙찰 후 사후처리

경매는 절차법이다(낙찰 후 진행 절차)

1) 낙찰 허가

입찰에 참가해 최고가 매수인으로 지정된 사람들은 대부분 그 순간부터 걱정이 많아진다. 그 다음 절차를 잘 모르기 때문이다. 최고가 매수인으로 지정되면 허가 결정이 되기 7일 전까지의 기간이 가장 중요하다.

예를 들어 농지를 낙찰 받았다면 낙찰자는 법원으로부터 최고가 매수증명원을 수령한 후, 7일 이내에 관할소에 방문하여 농지취득자격증명원(농취증)을 발급받아 낙찰허가 결정기일 이전에 법원 경매계에 제출해야 낙찰허가 결정을 받을 수 있다.

그럼, 농취증의 발급 절차를 알아보도록 하자.

(1) 농취증을 요하는 농지

농취증을 요하는 농지(도시지역을 제외한 전, 답, 과수원)를 낙찰 받았을 때에는 관할소에 최고가 낙찰자임을 증명하는 최고가 매수증명원이 필요하다. 최고가 매수증명원을 지참하고 낙찰 후, 가능한 한 빠른 시간에 관할(시, 군, 읍, 면) 사무소의 농지계를 방문하여 농지경영계획서를 작성한다.

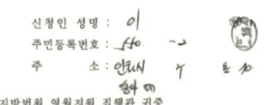

[그림 6-1] **최고가 매수증명원**

경작거리제는 폐지되었으므로 서울에 거주한다 하여도 제주도의 농지를 낙찰 받아 농취증을 발급받을 수 있다. 법규에는 명시적으로 제한하고 있지 않지만 담당자의 판단에 영농을 하기 어렵다면 자격증명원을 발급하지 않는 경우도 더러 있으니, 이 점을 유의하도록 하자.

1,000제곱미터 미만의 농지(이 경우 취득자 본인과 세대원이 가지는 농지를 모두 합산)는 주말 체험영농이라 하여 영농계획서 없이 취득이 가능하다.

(2) 농지취득자격 반려 대상의 토지

지목이 전, 답, 과수원으로 되어 있어도 지목의 변경 없이 형질변경(보통 대지로의 전환)이 되었다면 농취증을 발급받을 수 없다. 이는 어떠한 방법을 동원해도 불가능하다. 형질이 변경되어 대지로 사용되는 토지에 농취증이 발급될 수 없기 때문이다.

이런 경우 농취증이 발급되지 않는다고 법원에 농취증의 제출을 포기한다면 입찰 보증금은 몰수되어 큰 손해를 볼 수 있다. 이럴 때는 농지 담당자에게 농취증 발급 불가 및 반려(통지)사유서를 작성해달라고 하여 법원에 제출하면 된다.

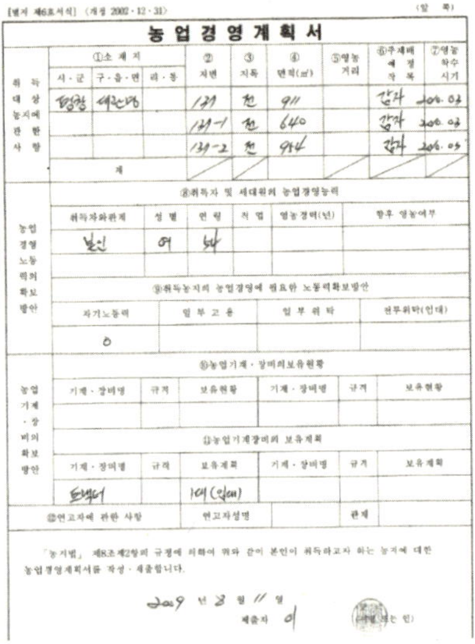

[별지 제6호서식] (개정 2002·12·31) (앞 쪽)

농업경영계획서

취득 대상 농지에 관한 사항	①소재지 시·군	구·읍·면	리·동	②지번	③지목	④면적(㎡)	⑤영농거리	⑥주재배 예정 작목	⑦영농 착수 시기
	평창	대관령		131	전	911		감자	2010.03
				131-1	전	640		감자	2010.03
				131-2	전	914		감자	2010.05
	계								

⑧취득자 및 세대원의 농업경영능력

취득자와관계	성별	연령	직업	영농경력(년)	향후 영농여부
본인	여	54			

⑨취득농지의 농업경영에 필요한 노동력확보방안

자기노동력	일부고용	일부위탁	전부위탁(임대)
○			

⑩농업기계·장비의보유현황

기계·장비명	규격	보유현황	기계·장비명	규격	보유현황

⑪농업기계장비의 보유계획

기계·장비명	규격	보유계획	기계·장비명	규격	보유계획
트랙터		1대(임대)			

⑫연고자에 관한 사항	연고자성명		관계	

「농지법」 제8조제2항의 규정에 의하여 위와 같이 본인이 취득하고자 하는 농지에 대한 농업경영계획서를 작성·제출합니다.

2009 년 3 월 11 일

제출자 이 (서명 또는 인)

[그림 6-2] **농업경영계획서**

법원에 제출할 때 두 가지의 상황이 발생할 수 있다. 첫째는 반려 사유서의 제출로 불허가 결정을 받을 수 있다. 그런데 불허가 결정을 받으려고 낙찰을 받는 사람을 없을 것이다. 불허가 결정을 받을 때 대처하는 방법은 다음과 같다.

불허가의 사유는 여러 가지이다. 만일 낙찰 후에 불허가 결정이 되었다면 대부분의 낙찰자들은 당황할 것이다. 쉽게 이해하기 어려운 상황이 발생한 것이다.

이때는 먼저 법원의 경매계에 전화하여 불허가의 사유를 확인하고, 불허가의 사유가 어떠한 내용인지를 파악해야 한다. 불허가의 사유가 정상적이고, 상식적으로 납득이 되는 상황이라면 불허가 결정 이후 확정 판결을 받고 입찰보증금을 법원으로부터 환급받으면 사건이 종결되나, 그렇지 않다면 낙찰 불허가에 대한 이의신청을 통해 구제방법을 모색해야 한다. 법적으로 어려운 상황이라면 법원 인근의 법무사를 통하여 이의신청을 상담한 후 진행하는 것도 좋은 방법이다.

둘째는 반려사유를 확인하고 낙찰허가 결정이 되는 경우이다.

법원에서는 지목이 전, 답, 과수원일 경우에는 대부분 무조건 '농취증 요함'이라는 문구를 매각물건 명세서에 기재한다. 심지어 도시지역의 농지의 경우에도 그렇다. 상황이 이렇다보니 법원에서 농지가 지목변경이 되었는지를 알 리가 만무하다. 그래서 어떤 법원의 담당자는 지목변경을 참조하여 허가를 결정하거나 또는 불허가 결정 후에 관할사무소에 사실조회 확인을 한 후 다음 경매기일에는 농취증이 없어도 가능하다고 하는 경우도 있다.

이런 경우에는 관할사무소를 방문하여 반려사유로 농

취증이 불가할 때 바로 경매계에 전화를 하여 농취증의 발급불가를 알리고 관할사무소의 담당자와 직접 통화를 할 수 있게 하는 방법도 있다.

농지를 입찰할 때에는 반드시 현장을 방문하여 농사를 지을 수 있는지와 농지 위에 농업시설이 아닌 건축물이나 공작물이 있는지를 확인해야 한다. 그리고 입찰 전에 해당 관할사무소를 방문하여 농취증을 발급받을 수 있는지, 지목이 변경되지 않았는지를 미리 확인한다면 큰 어려움 없이 농지를 취득할 수 있을 것이다.

다음은 반려 대상의 토지를 확인해보자.

(3) 반려 대상의 농지

본건의 농지는 지목이 전으로 되어 있으나 주택부지 조성의 목적으로 2008년 6월 30일에 개발행위(토지형질변경), 즉 전이었던 농지를 대지로 전환하여 허가를 받은 토지이다.

이런 문제는 종종 발생하는 사례로 법원에서는 토지형질변경이 되었다 하더라도 지목 변경을 전에서 대지로 전환하지 않은 상태라면 일괄적으로 농지법을 적용하여 농지취득자격증명을 요하며, 매각물건명세서 하단에 '농취

[그림 6-3] **반려 사유서 1**

[그림 6-4] **반려 사유서 2**

증 미제출시 보증금 몰수'라는 조항을 기재한다.

응찰자들은 입찰 전에 미리 관할소에 방문하여 농취증

의 발급여부를 확인하고 발급되지 않는다면 사유가 무엇인지 미리 확인하고 응찰할 필요가 있다.

(4) 농취증 신청서 작성하기

취득자 구분란에 농지가 1,000제곱미터 미만이라면 '주말농장'으로 표시하면 되고, 그렇지 않은 경우에 대부분은 '신규영농'으로 표시하면 된다.

통상 처리기간은 2~4일 정도이나 농지 담당자에게 사정을 구하여 담당자와 현장을 방문하고 당일에 농취증

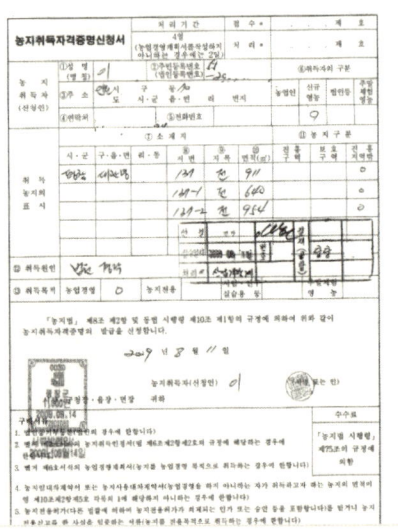

[그림 6-5] **농지취득자격증명 신청서**

step 6. 낙찰 후 사후처리

을 발급받을 수도 있다. 현장을 방문했는데 영농을 하기에 적합지 않다고 판단이 되는 경우에는 잔금 납부 후 언제까지 영농을 하기에 적합한 토지로 원상 복구하겠다는 농지원상복구 계획서를 제출하면 된다.

(5) 농지취득자격증명서

이렇게 해서 농지취득자격증명서를 발급받았다면 7일 이내에 법원에 제출해야 낙찰 허가결정이 가능하다. 수도권 인근의 농지가 아니라면 낙찰 즉시 움직이는 것이 좋다.

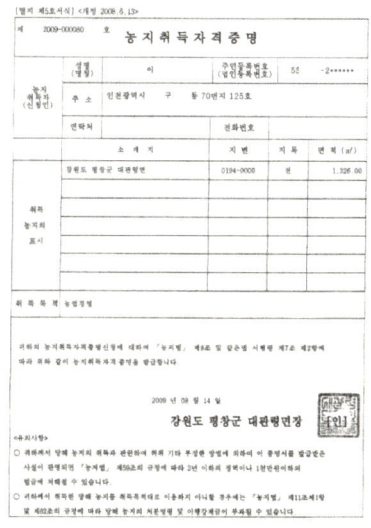

[그림 6-6] **농지취득자격증명**

여름철 휴가 기간에 낙찰을 받으면 담당자도 휴가를 가고 도로도 막히는 상황이 발생할 수 있으니 사전에 준비하도록 하자.

만일 7일 이내에 농지취득자격증명서를 제출하지 못한다면 보증금을 몰취당하는 일이 발생한다. 농지취득자격증명서의 처리 기간은 통상 2일 정도이지만 예기치 못한 문제들이 가끔 발생하기도 한다.

예를 들어 농지 담당자가 교육중이거나 휴가중일 수도 있다. 이런 문제들이 발생하는 상황에서는 바로 법원에 경매계를 방문하여 낙찰 허가결정 기일 연기신청을 하여서라도 보증금의 몰취를 막아야 한다.

또는 최고가 매수인으로 지정되었지만 낙찰 후에 물건의 하자를 발견하게 되는 경우도 발생할 수 있다. 가끔 이런 문제로 어려움을 겪는 낙찰자들을 만나는데, 빠른 시일 내에 법원에 낙찰 불허가 신청서를 제출하여 낙찰 불허가 결정을 받아야 한다. 물론 낙찰 불허가 결정을 받으려면 전문적인 지식이 있는 경매 전문가나 법무사 등의 자문을 요청해 적절한 조취를 취해야 한다.

7일 이내에 적절한 조취를 취하지 못한다면 보증금을 포기해야 하는 경우가 발생하기 때문이다. 낙찰 후 7일이

지나면 오후 2시 이후에 낙찰된 물건의 대부분이 낙찰허가 결정이 된다. 간혹 법원은 경매진행 절차상의 중대한 하자가 발생한 경우에 한하여 낙찰 불허가 결정을 한다. 낙찰 불허가 결정이 되는 경우는 다음과 같은 사례를 들 수 있다.

첫째, 실무적으로는 이해관계인들에게 적법한 송달이 이루어지지 않은 경우

둘째, 낙찰 후에 권리변동으로 인해 낙찰자에게 재산적 손해가 발생할 경우

셋째, 감정평가의 착오로 인해 채권자가 재감정을 요구한 경우

넷째, 입찰 후 천재지변이나 책임질 수 없는 사유로 부동산이 훼손된 경우

다섯째, 낙찰 후 농지취득자격증명서를 제출하지 못하고 반려 사유서를 제출한 경우

이상의 사례가 있는데 상황에 따라 적절한 조치가 필요하며, 어느 정도의 임기응변의 기술도 필요하다.

허가 결정 기일에 허가 또는 불허가 결정을 확인하려면 대법원 경매 사이트(http://www.courtauction.go.kr/)에서 경매 사건 검색에 해당 사건번호를 입력하여 기일

내역에서 확인하면 된다.

① 대법원 경매 사이트(http://www.courtauction.go.kr/)에 접속한다.

② 경매물건 〉 '경매사건검색'을 클릭한다.

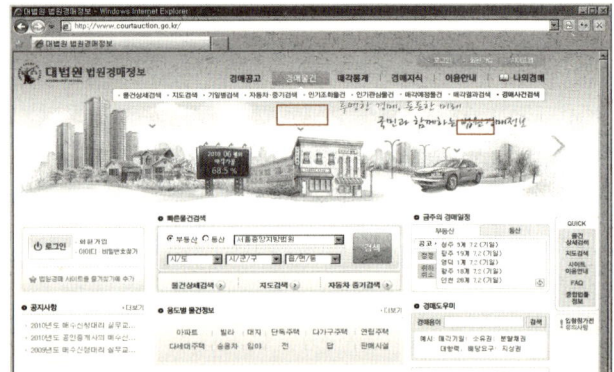

[그림 6-7] **대법원 경매 사이트**

③ '경매사건검색'에 해당 사건번호를 입력한다.

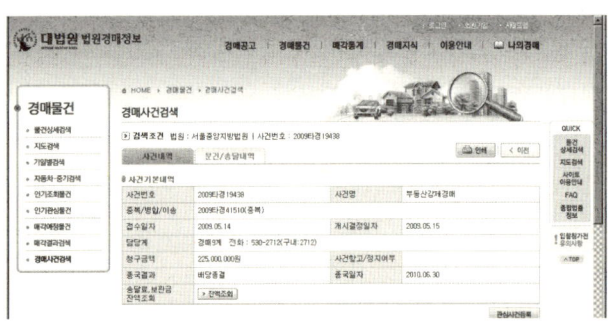

[그림 6-8] **대법원 경매 사이트 경매 사건 검색**

step 6. 낙찰 후 사후처리

가끔은 법원의 업무 지연으로 허가 결정 기일에 사이트를 통해 내역을 확인할 수 없을 때도 있는데, 그럴 경우에는 직접 해당 경매계이 전화를 걸어서 확인할 수 있다.

2) 낙찰 허가 확정기일

낙찰 허가결정이 되었다면 다음으로는 낙찰 허가기일로부터 7일 후 자정까지 낙찰 받은 물건의 이해관계인들이 이의신청, 즉 항고를 할 수 있는 기간이 있다.

구법(2002년 7월 1일 이전) 사건에서는 공탁 없이 항고가 가능했으나 민사소송법의 개정으로 2002년 7월 1일 이후 사건에서는 낙찰 허가결정 후 이의신청을 하려면 법원에 낙찰가의 10%를 공탁하여야 할 수 있다. 이의신청을 하였더라도 이의신청이 기각되면 공탁금을 돌려받을 수 없으므로 최근에는 이해관계인이라도 섣불리 이의신청을 못하는 실정이다.

항고의 여부도 마찬가지로 대법원 경매 사이트를 통해 확인할 수 있다.

최근에는 낙찰 후 경락잔금 대출을 받아 잔금을 납부하려는 낙찰자가 많아지고 있다. 낙찰 허가결정 후에 낙

항고내역

물건번호	항고제기자	항고접수일자 접수결과	항고 사건번호	항고결과	재항고 사건번호	재항고결과	확정여부
			검색결과가 없습니다.				

[그림 6-9] **대법원 경매 사이트 경매 사건의 항고내역**

찰 확정이 되었다면 이때부터 금융기관을 통해 경락잔금 대출의 은행자서(대출신청시 자필로 쓰는 것)를 해야 한다. 이 기간이 지나고 얼마 되지 않아 잔금기일이 지정되어 서두르다보면 잔금기일을 앞두고 어려움을 겪게 되기 때문이다.

법원에 입찰하려고 방문하면 법원 입구에 경락잔금대출을 알선하는 많은 딜러들이 명함과 안내문을 나눠줄 것이다. 낙찰 후에 아무 생각 없이 명함이나 안내문을 버리고 나면 막상 경락잔금 대출을 받으려고 할 때에 어려움을 겪을 수 있으므로 경락잔금 대출을 미리 염두에 두고 있다면 명함이나 안내문을 꼭 보관하기 바란다.

대금 납부하기

1) 대금지급기한 통지서 발송

낙찰 허가결정 2주 후쯤에 법원으로부터 대금지급기한 통지서가 발송된다.

대법원 경매 사이트의 문건접수, 송달내역과 기일내역을 확인하면 잔금일자의 지정을 미리 확인할 수 있다.

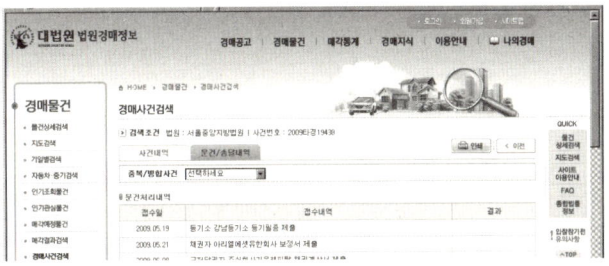

[그림 6-10] **대법원 경매 사이트의 문건/송달내역**

■ 송달내역

송달일	송달내역	송달결과
2010.05.17	최고가매수인 대금지급기한통지서 발송	2010.05.25 도달
2010.05.17	최고가매수인 대금지급기한통지서 발송	2010.05.25 도달
2010.06.03	등기소 강남등기소 이전등기(촉)촉탁서 발송	2010.06.03 도달

[그림 6-11] **대법원 경매 사이트의 문건/송달내역**

2) 대금납부

대금지급기한 통지서는 법원에서 최고가 매수인에게 등기우편으로 송달된다. 송달된 대금지급기한 통지서를 받았다면 낙찰자는 기일에 잔금을 납부하여야 하며, 기한 이후에 납부하면 연 20%의 지연이자가 부과된다.

만일 낙찰 받은 물건의 채무액이 적어서 취하 가능성이 있는 물건이라면 대금지급기한까지 기다리지 말고 대법원 사이트를 통해 잔금기일을 미리 확인하고, 대금지급기한 통지서를 받기 이전이라도 법원에 잔금을 납부하는 것이 좋다.

■ 기일내역

물건번호	감정평가액	기일	기일종류	기일장소	최저매각가격	기일결과
1	750,000,000원	2010.03.23 (10:00)	매각기일	경매법정	750,000,000원	유찰
		2010.04.27 (10:00)	매각기일	경매법정	600,000,000원	매각 (653,780,000원)
		2010.05.04 (14:00)	매각결정기일	경매법정		최고가매각허가결정
		2010.06.04 (16:00)	대금지급기한	민사집행과 경매9계		진행

[그림 6-12] **대법원 경매 사이트의 문건/송달내역**

3) 협의명도의 시점

낙찰 후의 명도 방법에는 협의명도와 강제집행 두 가지가 있다. 임차인이나 전소유자를 만나 협의명도를 하는 적절한 시점은 물건마다 다소 차이가 있으나 대체로 임차인이나 전소유자가 이사를 할 수 있는 충분한 시간을 보장하기 위해서는 잔금을 치르기 이전에 방문하여 낙찰자의 신분을 밝히고 부동산의 인도를 요청할 수 있다. 또한 미리 임차인이나 전소유자의 성향을 파악하는 것도 중요하다.

실무에서는 통상 낙찰 확정 이후에 방문하거나, 낙찰자의 연락처를 남겨서 연락이 오면 이사 날짜 등을 협의하기도 한다.

만일 임차인이나 전소유자와 협의명도를 진행할 때 명도가 순조롭게 진행되지 않을 것 같으면 강제집행을 어떻게 진행할지 미리 고민해야 한다.

점유이전금지 가처분 신청하기

　점유이전금지 가처분이란 점유자의 점유변경을 금지하는 효력을 가지는 명도집행을 위한 보전처분을 말한다. 인도명령을 하기 전에 반드시 점유자가 현 점유를 고의로 바꾸지 못하게 '점유이전금지 가처분'을 신청해야 한다. 이는 현재의 점유자가 소송 진행 중 다른 사람으로 점유자를 교체해 소송에서 원고가 승소해도 새로운 불법 점유자를 상대로 다시 명도소송을 제기해야 하는 것을 방지하기 위해서 필요하다.
　모든 경매 물건이 점유이전금지 가처분을 할 필요는 없다. 그래서 협의명도를 할 때 임차인이나 전소유자의 성향 파악이 필요하기도 하다. 그러나 상가나 공장의 경우에는 임차인 또는 전소유자가 본인들이 사용하고 있음에도 낙찰자의 인도명령을 방해할 목적으로 점유자를 변경시키는 경우가 자주 있으므로 점유이전금지 가처분이 필요하다. 점유이전금지 가처분의 조치를 취하지 않은 상태에서는 인도명령 신청을 결정받아 강제집행을 하더라도 인도명령의 대상이 바뀌어서 집행이 불가능하기 때문이다.

1) 점유이전금지 가처분 신청서 작성요령

아래의 양식대로 가처분 신청서를 작성하면 된다.

부동산점유이전금지 가처분 신청서

신 청 인: 박 ○ ○
　　　　　경기도 ○○시 ○○구 ○○동 731 ○○마을 60동 1300호
　　　　　전화번호 :000-000-0000

피 신 청 인: 1. 강　○　○ (680000-1000000)
　　　　　　　경기도 ○○시 ○○읍 ○○리 300번지

　　　　　　2. 강　○　○ (과인뻐)
　　　　　　　경기도 ○○시 ○○읍 ○○리 300번지

피보전권리 요지: 소유권에 기한 건물명도청구권.

목석물의 가액: 별지 (1) 목록 기재와 같음.

목적물의 가액: 별지 (2) 목록 기재와 같음.

목적물의 도면: 별지 (3) 목록 기재와 같음.

신 청 취 지

1. 피신청인 1, 강○○는
　(1)별지 도면 표시 1,2,3,4 의 각 점을 순차 연결한 선내(가동) 공장 부분
　　일반철골구조 기타 지붕 단층공장 196.36㎡.

2. 피신청인 2. 강○○(과인뻐)은
　(1)별지 도면 표시 9,10,11,12 의 각 점을 순차 연결한 선내(나동) 공장 부분
　　일반철골구조 기타 지붕 단층공장 198.00㎡.
　(2)별지 도면 표시 17,18,19,20 의 각 점을 순차 연결한 선내(다동) 공장부분
　　일반철골구조 기타 지붕 단층공장 198.00㎡.
　(3)별지 도면 표시 25,26,27,28 의 각 점을 순차 연결한 선내(라동) 공장부분
　　일반철골구조 기타지붕 단층공장 198.00㎡.

[그림 6-13] 점유이전금지 가처분 신청서 양식 1

(4)별지 도면 표시 33,34,35,36 의 각 점을 순차 연결한 선내(마동-1층) 사무실부분
일반철골구조 및 경량철골조 기타지붕 98.40㎡,
(5)별지 도면 표시 37,38,39,40 의 각 점을 순차 연결한 선내(마동-2층) 기숙사 부분
일반철골구조 및 경량철골조 기타지붕 96.40㎡,
(6)별지 도면 표시 29,30,31,32 의 각 점을 순차 연결한 선내(ㄱ)
경량철골구조 10.53㎡,
(7)별지 도면 표시 45,46,47,48 의 각 점을 순차 연결한 선내(ㄴ)
경량철골구조 12㎡,
(8)별지 도면 표시 41,42,43,44 의 각 점을 순차 연결한 선내(ㄷ)
파이프조 천막지붕 10㎡,
(9)별지 도면 표시 21,22,23,24 의 각 점을 순차 연결한 선내(ㄹ)
파이프조 천막지붕 54㎡,
(10)별지 도면 표시 13,14,15,16 의 각 점을 순차 연결한 선내(ㅁ)
파이프조 천막지붕 54㎡,
(11)별지 도면 표시 5,6,7,8 의 각 점을 순차 연결한 선내(ㅂ)
파이프조 천막지붕 50㎡

의 건물에 대한 점유를 풀고 신청인이 위임하는 귀원 소속 집행관에게 그 보관을 명한다.

3. 집행관은 현상을 변경하지 아니할 것을 조건으로 하여 채무자에게 이용
사용하게 하여야 한다.

4. 피신청인들은 그 점유를 타인에게 이전하거나 또는 점유명의를 변경하여서는
아니 된다.

5. 집행관은 위 취지를 공시하기 위하여 적당한 방법을 취하여야 한다. 라는
재판을 구합니다.

[그림 6-14] 점유이전금지 가처분 신청서 양식 2

신 청 이 유

1. 신청인의 지위.

신청인이 귀원에서 진행한 귀 2009타경20000호 부동산임의경매 사건 입찰에
참가하여 별지 목록의 부동산을 경락받아 2010. 3. 22. 매각대금을 전부를
납부하여 2010. 3. 22. 소유권이전등기를 경료한 소유자입니다.
(매각대금완납증명, 토지ㆍ건물 등기부등본 참조)

2. 피신청인의 지위.

1)피신청인 1. 강OO는 귀원 2009타경20000호 사건 당시의 채무자 겸 소유자로서
피신청인 2. 강OO(과인택)이 점유하는 부분을 제외한 별지도면 표시 1,2,3,4의
각 점을 순차 연결한 선내 (가동) 공장부분 일반 철골구조 기타지붕 단층공장
198.36㎡,를 현재까지 점유하고 있습니다. (2009타경 20000호 사건의 현황조사보고서 참조)

1)피신청인 2. 강OO(파인택)은 귀원 2009타경20000호 사건의 침차인으로서 피신청인
1. 강OO가 점유하는 부분을 제외한 별지 도면 표시 9,10,11,12 의 각 점을 순차 연결한
선내 (나동),17,18,19,20 의 각 점을 순차 연결한 선내 (다동), 25,26,27,28 의 각
점을 순차 연결한 선내 (마동), 33,34,35,36 의 각 점을 순차 연결한 선내
(마동-1층), 37,38,39,40 의 각 점을 순차 연결한 선내 (마동-2층), 21,22,23,24 의
각 점을 순차 연결한 선내 (ㄱ), 45,46,47,48 의 각 점을 순차 연결한 선내 (ㄴ),
41,42,43,44 의 각 점을 순차 연결한 선내 (ㄷ), 21,22,23,24 의 각 점을 순차 연결한
선내 (ㅁ),5,6,7,8 의 각 점을 순차 연결한 선내 (ㅂ)를 현재까지 점유하고 있습니다.

신청인은 피신청인들에게 수차에 방문하여 위 부동산을 인도하여 줄 것을 요청하였으나
피신청인들은 아무런 조치를 취함도 없이 신청인에게 대항력이 없음에도 불구하고
인도하여 주지 않고 있습니다.

[그림 6-15] 점유이전금지 가처분 신청서 양식 3

step 6. 낙찰 후 사후처리

3. 결론

신청인은 낙찰을 받은 새로운 소유자로서 빠른 시일내에 공장의 가동과 사업을 진행하기 위하여 피신청인들에게 공장의 인도를 구하기 위하여 피신청인들을 상대로 건물명도청구의 본안소송을 이루고고 있으나 본안소송은 상당한 시일을 요하며 위 공장건물을 제 3자에게 임대하거나, 전대하여 버리면 신청인이 본안소송에서 승소한다 하더라도 소기의 목적을 달성할 수 없으므로 그 집행보전과 그동안 점유보전의 방법상 이 건을 신청하기에 이른 것입니다.

담보의 제공에 대하여서는 신청인은 보증보험회사와 지급보증위탁계약을 체결한 문서로서 제출하고자 하오니 허가 하여 주시기 바랍니다.

첨 부 서 류

1. 매각대금 완납증명서   1통
2. 토지 건물등기부등본   각1통
3. 현황조사보고서(2009타경20000) 1부
4. 건축물관리대장   1통
5. 공시지가확인서   1통

2010년 04년 일

위 신청인: 박 O O

OOO지방법원 OO지원 귀중

[그림 6-16] 점유이전금지 가처분 신청서 양식 4

별 지 (1)

목적물의 가액

  1. 시가표준액

    = 74,761,000원 : 74,000원 × 1,010.29㎡

  (1) ㎡당 금액 : 74,000원

    1) 신축건물기준가액   (㎡당 540,000원)
    2) 구조지수   (110)
    3) 용도지수   (70)
    4) 위치지수   (90)
    5) 경과연수별잔가율   (20%)

  (2) 평가대상 건물의 면적(㎡) : 1,010.29㎡

  2. 소송 가액

    = 37,380,000원 : 74,761,000원 X (1/2)

[그림 6-17] 점유이전금지 가처분 신청서 양식 5

별지 (3)

도 면

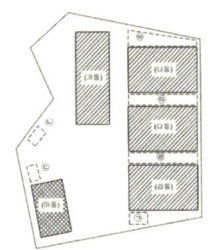

[그림 6-18] **점유이전금지 가처분 신청서 양식 6**

2) 목적물가액(소가) 산출하기

가처분 신청서는 작성이 간단하지만 거의 많은 분들이 목적물가액, 즉 소가(소송가액)의 산출방법을 몰라 법무사에게 위임하는 경우가 발생한다. 목적물가액을 산출하는 방법을 알아보자.

① 국세청 사이트(http://www.nts.go.kr/)에 접속한다.
② 국세청 뉴스 〉 고시·공고를 클릭한다.
③ 매년 고시되는 '국세청 건물기준시가 고시'를 다운받는다.
④ 건물기준시가의 산정방법을 적용하여 계산한다.

가처분 대상의 건물의 목적물가액을 산출하기 위해서

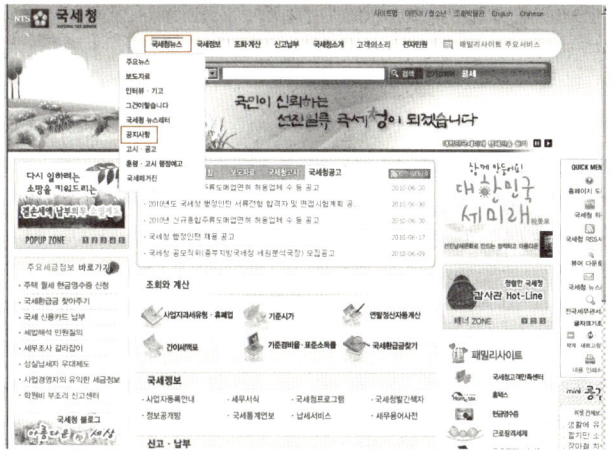

[그림 6-19] **국세청 사이트 초기화면**

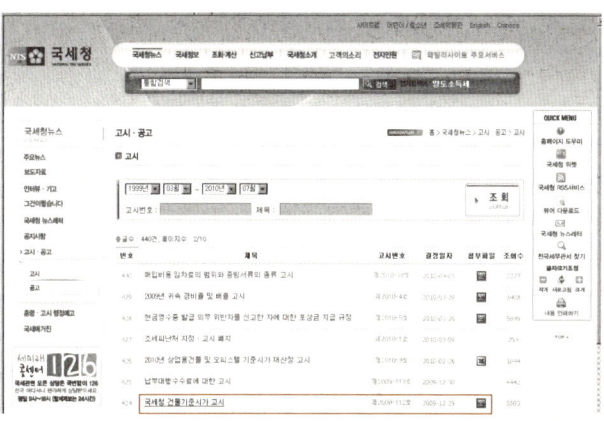

[그림 6-20] **고시·공고 화면**

는 공시지가확인원(토지의 m^2 가격)과 건축물대장(건축물의 연면적과 구조)이 필요하다.

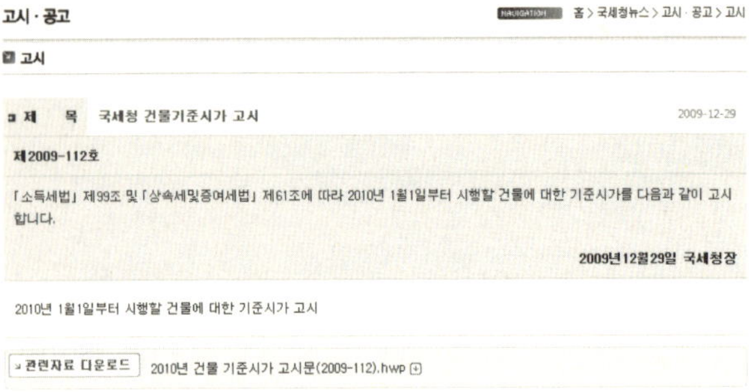

| 고시 · 공고 | 홈 > 국세청뉴스 > 고시 · 공고 > 고시 |

■ 고시

■ 제 목 국세청 건물기준시가 고시   2009-12-29

제2009-112호

「소득세법」제99조 및 「상속세및증여세법」제61조에 따라 2010년 1월1일부터 시행할 건물에 대한 기준시가를 다음과 같이 고시합니다.

2009년 12월 29일 국세청장

2010년 1월1일부터 시행할 건물에 대한 기준시가 고시

관련자료 다운로드 2010년 건물 기준시가 고시문(2009-112).hwp

[그림 6-21] 국세청 건물기준시가 고시 다운 화면

(1) 건물에 대한 기준시가 산정방법

이상의 공식을 활용하여 소송가액을 산출한다.

첨부서류 : 1. 소명방법, 2. 송달료 납부서, 3. 부동산목록, 4. 등기부등본, 5. 목적물가액을 계산할 수 있는 자료(건축물 대장), 6. 개별공시지가 확인서 7. 도면 등의 첨부자료를 기재한 다음 이를 첨부하여 제출한다.

건물에 대한 기준시가 산정방법

① 기본 산식

  가) 기준시가 = ㎡당 금액 × 평가대상 건물의 면적(㎡)

  나) ㎡당 금액 = 건물신축가격 기준액 × 구조지수 × 용도지수 × 위치지수
       × 경과연수별 잔가율 × *개별건물의 특성에 따른 조정률

② 「소득세법」제99조 제1항 제1호 나목에 따른 건물에 대한 기준시가는 이 고시내용 중 특별히 규정하고 있는 것을 제외하고는 ㎡당 건물신축가격 기준액에 구조별·용도별·위치별 지수와 경과연수별 잔가율을 곱하여 ㎡당 금액(1,000원 단위로 하며, 1,000원 단위 미만은 절사한다)을 계산한 후, 이 금액에 평가대상 건물의 면적(연면적을 말하며, 집합건물의 경우는 전유면적과 공용면적을 포함한 면적으로 한다)을

step 6. 낙찰 후 사후처리

곱하여 산출한다.
(*개별건물의 특성에 따른 조정률은 적용하지 않음)

③ 「상속세 및 증여세법」 제61조 제1항 제2호의 규정에 따른 건물기준시가는 이 고시 내용 중 특별히 규정하고 있는 것을 제외하고는 ㎡당 건물신축가격 기준액에 구조별·용도별·위치별 지수와 경과연수별잔가율을 곱하고, *개별건물의 특성에 따른 조정률을 반영하여 ㎡당 금액(1,000원 단위로 하며, 1,000원 단위 미만은 절사한다)을 계산한 후, 이 금액에 평가대상 건물의 면적(연면적을 말하며, 집합건물의 경우는 전유면적과 공용면적을 포함한 면적으로 한다)을 곱하여 산출한다.

3) 사건 접수하기

점유이전금지 가처분 신청서를 작성하였다면 법원의 종합민원실에 가처분을 접수하면 사건번호가 부여된다.

접수 7일 후에 점유이전금지 가처분 신청서의 보정명령이 없으면 가처분의 인용이 결정된다. 사건번호가 부여된 점유이전금지 가처분 신청에 대해서는 대법원 경매 사이트(http://www.courtauction.go.kr/)와 대법원 사이트(http://www.scourt.go.kr/)를 통해서 해당 사건번호 검색으로 실시간 확인이 가능하다.

기본내용	>> 형사배치		
사건번호	2010카단	사건명	부동산점유이전금지가처분
재판부	31단독 () (전화:	담보내용	37,380,000원
접수일	2010.04.16	종국결과	2010.04.23 인용
수리구분		병합구분	없음

기록보존인계일	
항고인	항고일
항고신청결과	해제내용
송달료,보관금 종결에 따른 잔액조회	≫ 잔액조회

[그림 6-22] **대법원 사이트 사건검색 내용**

   소장을 작성하고 소가를 산출하여 법원 종합민원실 민사신청과에 접수를 한다. 통상 접수를 하면 7일 후에 보정명령 또는 가처분 인용결정이 된다. 보정명령을 받는다면 다시 소장을 수정하여 접수해야 하나 접수 시에 담당자에게 소장에 보정할 내용이 있는지 여부를 미리 검토를 부탁하는 것도 좋은 방법이다.

4) 공탁납입명령서(담보제공명령)

   가처분 인용결정 후 법원으로부터 공탁금을 납입하라는 명령서가 송달이 된다. 또는 법원에 연락하여 직접 수

사건일반내용	사건진행내용		
▶ 사건번호 :	지방법원 지원 2010카단		

기본내용	≫ 청사배치		
사건번호	2010카단	사건명	부동산점유이전금지가처분
채권자	박	채무자	강
재판부	31단독() (전화:)		
접수일	2010.04.16	종국결과	2010.04.23 인용

step 6. 낙찰 후 사후처리

일 자	내 용		결 과	공시문
2010.04.16	소장접수			
2010.04.20	담보제공명령			
2010.04.20	채권자1 박	담보제공명령등본 발송	2010.04.26 도달	
2010.04.22	채권자 박	공탁보증보험증권 제출		

[그림 6-23] **대법원 사이트 사건검색 내용**

지방법원   지원
31단독
담 보 제 공 명 령

사 건   2010카단   부동산점유이전금지가처분

채 권 자   박   시   구   동 731   마을   동   호

채 무 자   1. 강   시   읍   리 364

위 사건에 대하여 채권자에게 담보로 이 명령을 고지받은 날부터 7일 이내에 채무자를 위하여 금 50,000,000 (오천만) 원을 공탁할 것을 명한다. 다만, 채권자는 위 공탁할 금액 중 50,000,000 원에 대하여는 지급보증위탁계약을 체결한 문서를 제출할 수 있다.

[그림 6-24] **담보제공 명령서**

령도 가능하다.

송달 받은 담보제공 명령서로 채권자는 5,000만 원을 공탁 또는 보증보험 증권으로 법원에 제출하면 된다.

법원 인근에 위치한 보증보험회사를 방문하여 담보제공 명령에 기하여 공탁보증보험 증권을 발급받아 명령서에 첨부하여 접수한다.

법원에 접수된 후 7일 후에 법원은 등기우편으로 결정문을 채권자에게 발송한다. 채권자는 가처분 결정문을 송달받고, 7일 이내에 꼭 집행신청을 해야 한다.

[그림 6-25] **공탁보증보험 증권**

| 2010.04.28 | 채권자1 박 | 판결정본 발송 | 2010.04.28 도달 |

[그림 6-26] **대법원 사이트 사건검색을 통한 진행내용**

31단독
결 정

사 건   2010카단   부동산점유이전금지가처분

채 권 자   박
　　　　　시 구 동 731   마을 608동   호

채 무 자   1. 강
　　　　　시   읍   리 364

주 문

채무자1은 경기   시   읍   리 364 지상
별지도면표시 1,2,3,4의 각 점을 순차 연결한 선내 (가동)부분 일반철골구조 기타지붕
단층 198.36평방미터,
50평방미터의 부동산에 대한 점유를 풀고 채권자가 위임하는 집행관에게 인도하여야 한다.
집행관은 현상을 변경하지 아니할 것을 조건으로 하여 채무자들에게 사용을 허가하여야 한다.
채무자들은 그 점유를 타에 이전하거나 또는 점유명의를 변경하여서는 아니된다.
집행관은 위 취지를 적당한 방법으로 공시하여야 한다.

피보전권리의 내용 소유권에 기한 건물명도 청구권

이 유

이 사건 부동산점유이전금지가처분 신청은 이유 있으므로 담보로 공탁보증보험증권(서울보
증보험주식회사 증권번호 제 100-000-201001522002호)을 제출받고 주문과 같이 결정한다.

[그림 6-27] **송달 받은 가처분결정문**

step 6. 낙찰 후 사후처리

5) 가처분 집행 신청

가처분 결정문을 송달받은 후 집행관 사무소를 방문하여 강제집행을 신청해야 한다(가처분 결정문 지참). 가처분 집행을 신청하고 담당 여직원에게 가처분 집행예납금 납부서를 수령하여 법원 내의 신한은행에 납부한다.

강 제 집 행 신 청 서

의정부지방법원 고양지원 집행관사무소 집행관 귀 하

채권자	성 명	박	주민등록번호 (사업자등록번호)	50 -10	전화번호	018
					우편번호	□□□-□□□
	주 소	시 구 동(로) 가 번지 호(통 반) 아파트 동 호				
	대리인	성명( ) 주민등록번호( )			전화번호	
채무자	성 명	√	주민등록번호 (사업자등록번호)		전화번호	
					우편번호	□□□-□□□
	주 소	시 구 동(로) 가 번지 호(통 반) 아파트 동 호				
집행목적물 소재지		채무자의 주소지와 같음 (※다른 경우는 아래에 기재함) 시 구 동(로) 가 번지 호(통 반)				
집 행 권 원		지방법원 2010 년 카합 지원(공증인가 호 집행력 있는 법률사무소 작성) 정본				
집행의 목적물 및 집 행 방 법		동산압류, 동산가압류, 동산가처분, 부동산점유이전금지가처분, 건물명도, 철거, 부동산인도, 자동차인도, 기타( )				
청 구 금 액		원(내역은 뒷면과 같음)				

[그림 6-28] **강제집행 신청서**

집행관사무소

납 부 서 (은행제출용)

[illegible]	(인)

집행관사무소		지방법원 지원	사 건 번 호	2010가 (5부)
납부금 종류		신규 예납(01)	은행관리번호	2010-4310
납부금액		금 112,000 원		
납부자	성 명	박	주민등록번호 (사업자등록번호)	57 -10
	전화번호		우편번호	412-020
	주 소	경기도 시 구 동 731 마을 608동 호		
	잔액환급계좌			
대리인	성 명		주민등록번호 (사업자등록번호)	
	전화번호		우편번호	
	주 소			

[그림 6-29] **집행예납금 납부서**

예납금을 납부한 후 집행관에게 예납금을 납부한 사실을 알리고 집행일자를 문의한다.

6) 가처분 집행

예납금 납부 후 집행관은 가처분 신청자에게 집행일자를 알려주고 집행지에 미리 도착하도록 당부한다.

지정된 일시에 집행관은 집행 목적지에 도착하여 가처분 서류에 첨부된 도면대로 집행의 목적물을 확인하고 소유자 또는 임차인의 점유부분을 확인한다. 만일 소유자 또는 임차인 이외의 다른 점유자가 있다면 집행관을 통하여 법원의 기록 외에 다른 점유자가 있음을 확인하여 집행조서에 기록해 달라고 요청해야 한다.

가처분의 목적은 추후 인도명령 신청과 강제집행 시에 다른 점유자가 있다면 집행이 제대로 이루어지지 않고 다른 점유자를 상대로 다시 인도명령신청과 강제집행을 실시해야 하는 번거로움을 사전에 예방하기 위한 조치라는 것을 인식해야 한다. 점유이전금지 가처분은 고의적으로 낙찰자를 어려움에 빠지게 만들려는 소유자, 임차인들의 방해를 방지하고 점유자를 고정시키는 절차이다.

예를 들어 A라는 임차인이 점유하고 있는 건물에 집행관이 강제집행을 실시하려는데 A는 없고 B라는 임차인이 있다면 낙찰자는 참으로 곤란한 상황이 된다. 집행은 실패하고 처음으로 돌아가 B라는 사람의 인적사항을 파악하여 인도명령신청부터 다시 시작해야 한다.

그래서 낙찰 후 소유자나 임차인을 만나보고 점유를 변경할 가능성이 있을 것으로 판단된다면 위와 같이 점유이전 금지 가처분을 통하여 점유부분을 고정한다면 추후 발생될 어려움을 미리 피할 수 있다. 위와 같은 상황에서 점유이전금지 가처분을 신청했다면 B라는 임차인은 법원의 기록에도 없는 권원(權原: 어떤 행위를 법률적으로 정당화하는 근거)이 없는 점유자로 법원의 집행관은 B의 신상 등을 확인하여 집행조서를 작성한다.

집행이 완료되어 물건의 점유자를 확인했다면 인도명령 신청에 의해 강제집행을 할 수 있다. 강제집행 때 B 또는 C라는 임차인이 있더라도 점유이전금지 가처분을 통해 점유자를 확인한 집행관은 집행을 실시하게 된다.

점유이전금지 가처분은 공장 또는 상가 등 점유를 쉽게 변경할 가능성이 있는 물건일 경우에는 번거롭더라도 미리 준비하는 것이 시간과 비용을 줄이는 방법이다.

Seven Days Master Series

step 7

명도 기법

인도명령 신청하기

낙찰 대금을 납부한 후 소유권을 갖게 된 낙찰자가 점유 퇴거를 거부한 채무자, 전소유자, 낙찰자에게 대항할 수 없는 후순위 임차인 등 인도명령 대상자에 해당되는 점유자를 상대로 인도명령을 신청하면 경매 법원이 심사하여 집행관으로 하여금 해당 점유자를 낙찰 부동산으로부터 강제로 퇴거시킬 수 있도록 강제집행 명령을 내린다.

쉽게 말해서 낙찰 받은 부동산에 낙찰자가 들어가려는데 전에 살고 있던 사람이 나가지 않아서 곤란할 때 인도명령을 신청하면 되는 것이다.

잔금을 납부한 낙찰자가 대출을 받을 때에는 보통 은행 법무사들이 잔금 납부와 동시에 법원에 인도명령 신청서를 제출한다. 그렇지 않은 경우에는 낙찰자가 판단하여 인도명령을 신청해야 한다.

1) 인도명령 대상자

인도명령 대상자는 다음과 같다.
① 채무자
② 전소유자
③ 낙찰자에게 대항할 수 없는 후순위 임차인
④ 위 ①, ②, ③의 동거인, 근친자로 정당한 권원(權原)이 없는 자, 인도 집행을 방해할 목적으로 점유한 자 등
⑤ 선순위 가장임차인(임차인으로 위장한 사람)도 이에 해당되나 특수한 경우이다.

2) 인도명령 신청

 인도명령 신청은 잔금 납부일로부터 6개월 이내에 해야 한다. 잔금 납부일로부터 6개월이 지나면 낙찰자는 인도명령 신청권을 상실하게 되며, 명도소송으로 처리해야 한다. 또한 법원의 매각물건 명세서에 등재되어 있는 임

차인이 아닌 제3자 등으로 점유를 변경시킬 수 있기에 인도명령 신청 전에 점유이전금지 가처분 등으로 점유를 확인한 후에 강제집행을 신청하는 것이 효과적이다.

전소유자, 임차인과 협의명도가 잘 진행되고 있다 하더라도 인도명령 신청은 반드시 진행해야 한다. 협의명도와 인도명령 신청 두 가지 방법으로 한꺼번에 진행해야 최악의 경우에 인도명령으로 강제집행이 가능하기 때문이다. 간혹 전소유자, 임차인과 협의가 잘되고 있어서 인도명령 신청 없이 진행하다가 변심으로 인해 부동산 인도를 거부하는 상황에서 다시 인도명령 신청을 접수하여 진행할 경우, 송달을 받지 않는 등 2개월 이상의 시간이 소요된다.

3) 인도명령 신청서 작성

(1) 인도명령 신청서

인도명령 신청서는 2부를 작성한다. 상단 우측에 1,000원 인지를 구입하여 붙인다(법원 내 은행에서 구입).

낙찰허가 결정문을 첨부한다(결정문은 법원 경매계에 신청한다).

등기부 등본은 법원 내 발급기를 통하여 발급 받는다.

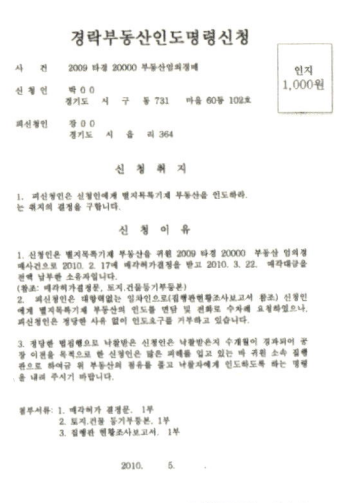

[그림 7-1] **경락 부동산 인도명령 신청서**

(2) 부동산 별지목록

부동산 별지목록을 인도명령 신청서에 첨부한다. 별지목록은 대법원 경매 사이트에도 있으므로 그대로 작성하여도 된다.

신청서와 별지목록, 첨부서류를 작성하였다면, 송달료 납부 영수증을 첨부하여 법원 민사신청과 접수계에 가서 접수하면 인도명령 신청은 끝이다.

부동산의 표시

부동산목록

번호	지 번	용 도/구 조/면 적	비 고
1	경기도 파주시 조리읍 오산리 364-6	공장용지 2307㎡	---
2	경기도 파주시 조리읍 오산리 364-6	경기도 파주시 조리읍 오산리 364-6 위 지상 가동 일반철골구조 기타지붕 단층공장 198.36㎡ 나동 일반철골구조 기타지붕 단층공장 198.00㎡ 다동 일반철골구조 기타지붕 단층공장 198.00㎡ 라동 일반철골구조 기타지붕 단층공장 198.00㎡ 마동 일반철골구조 및 경량철골조 기타지붕 2층 사무실, 기숙사 1층 98.40㎡ 2층 96.00㎡	—

[그림 7-2] **부동산 별지목록 샘플**

4) 인도명령 신청서 접수 확인

① 인도명령 접수 후 대법원 경매 사이트(http://www.courtauction.go.kr/)의 사건검색 서비스를 통해 해당 사건번호를 입력하면 접수 처리된 인도명령의 사건번호를 확인할 수 있다(2010타기000호).

② 인도명령 사건번호를 확인하였다면 7일 이내에 대법원 사이트(www.scourt.go.kr)에서 '나의 사건검색'에 해당 법원과 2010타기000호 낙찰자의 성명을 입력하면 사건의 진행 내역, 송달 내역 등을 확인할 수 있다.

※ 관련사건내역

관련법원	관련사건번호	관련사건구분
지원	2010타기	기타

[그림 7-3] **대법원 경매 사이트 사건검색 내역**

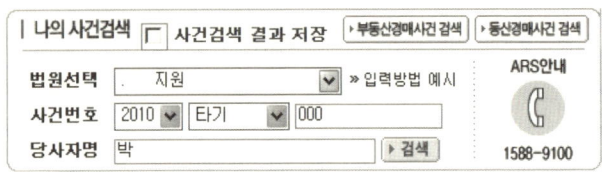

[그림 7-4] **대법원 사이트 사건검색**

5) 접수 확인 후 진행절차 확인

① '사건일반내용'을 보면 본 사건의 인도명령 신청 접수일은 2010년 5월 12일이며 2010년 5월 25일에 인도명령 신청의 인용결정이 되었음을 확인할 수 있다(인용이란 청구인의 원인과 취지를 법원에서 받아주었다는 의미이다).

② 법원으로부터 인도명령 인용 결정이 되면 인도명령

사건번호	2010타기	사건명	부동산인도명령
재판부	경매2계		
접수일	2010.05.12	종국결과	2010.05.25 인용
항고접수일		항고인	
항고종국일		항고결과	

[그림 7-5] **대법원 사이트 사건검색을 통한 진행절차 확인**

결정문이 낙찰자와 전소유자, 임차인에게 보통 인용일로부터 2~3일 후에 법원서 등기 우편으로 송달이 된다.

송달을 확인하려면 '사건진행내역'에서 '☑확인(하루에 한 번 체크)'를 클릭하면 된다.

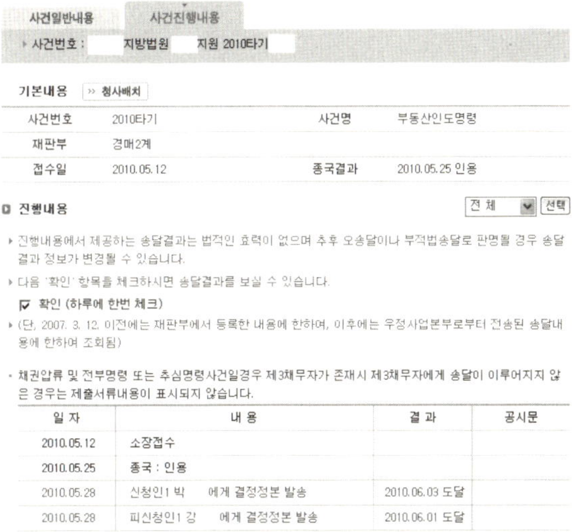

사건일반내용 | 사건진행내용

▸ 사건번호 : 지방법원 지원 2010타기

기본내용 » 청사배치

사건번호	2010타기	사건명	부동산인도명령
재판부	경매2계		
접수일	2010.05.12	종국결과	2010.05.25 인용

진행내용 전 체 선택

▸ 진행내용에서 제공하는 송달결과는 법적인 효력이 없으며 추후 오송달이나 부적법송달로 판명될 경우 송달결과 정보가 변경될 수 있습니다.

▸ 다음 '확인' 항목을 체크하시면 송달결과를 보실 수 있습니다.

☑ 확인 (하루에 한번 체크)

▸ (단, 2007. 3. 12. 이전에는 재판부에서 등록한 내용에 한하여, 이후에는 우정사업본부로부터 전송된 송달내용에 한하여 조회됨)

· 채권압류 및 전부명령 또는 추심명령사건일경우 제3채무자가 존재시 제3채무자에게 송달이 이루어지지 않은 경우는 제출서류내용이 표시되지 않습니다.

일 자	내 용	결 과	공시문
2010.05.12	소장접수		
2010.05.25	종국 : 인용		
2010.05.28	신청인1 박 에게 결정정본 발송	2010.06.03 도달	
2010.05.28	피신청인1 강 에게 결정정본 발송	2010.06.01 도달	

[그림 7-6] **대법원 사이트 사건검색을 통한 진행절차 확인**

6) 주소보정 및 송달방법 변경과 공시송달

 낙찰자와 전소유자, 임차인에게 정상적으로 송달이 되었다면 별 문제없이 진행이 되겠지만 간혹 송달을 고의적으로 받지 않거나, 이사를 해서 송달을 받을 수 없는 상황이거나 파산으로 인해 잠적해서 송달을 받을 수 없는 상황이 발생하기도 한다.

 법원에서는 송달 여부를 낙찰자에게 알려주지 않으므로 낙찰자가 수시로 확인하지 않으면 2~3주의 시간을 허비할 수 있다. 따라서 낙찰자가 송달 여부를 확인하고 신속히 송달 방법을 보정해야 한다.

 임차인이나 전소유자의 변동된 주소를 알고 있다면 변동된 주소로 주소보정을 하고, 송달은 집배원이 주로 주간에 송달하므로 주간에 임차인, 전소유자가 받을 수 없는 상황이면 야간송달, 고의적으로 송달을 피한다면 집행관을 통한 송달방법을 택하면 된다.

 송달이 되지 않는다면 마지막 방법으로 공시송달을 할 수 있다. 공시송달은 법원 게시판에 2주간 공시 후에 송달로 간주하는 방법이다.

주 소 보 정 서

사건번호   200   타경(타채, 타기)　　　　　　[담당재판부 :　　　　계]

채 권 자 :

채 무 자 :

제3채무자 :

위 사건에 관하여 아래와 같이　　　　　　　　　　의 주소를 보정합니다.

주소변동 유무	☐ 주소변동 없음	종전에 적어낸 주소에 그대로 거주하고 있음
	☐ 주소변동 있음	새로운 주소 : 　　　　　　　　　　　(우편번호　 -　)
송달신청	☐ 재송달신청	종전에 적어낸 주소로 다시 송달
	☐ 특별송달신청	☐ 주간송달　☐ 야간송달　☐ 휴일송달 ☐ 종전에 적어낸 주소로 송달　☐ 새로운 주소로 송달
	☐ 공시송달신청	주소를 알 수 없으므로 공시송달을 신청함 (첨부서류 :　　　　　　　　　　　)

200 . . .　신청인　　　　　　(서명 또는 날인)
서울중앙지방법원 민사집행과 귀중

[주소보정요령]
1. 상대방의 주소가 변동되지 않은 경우에는 주소변동 없음란의 ☐에 "✓" 표시를 하고, 송달이 가능한 새로운 주소가 확인되는 경우에는 주소변동 있음란의 ☐에 "✓" 표시와 함께 새로운 주소를 적은 후 이 서면을 주민등록등본 등 소명자료와 함께 법원에 제출하시기 바랍니다.
2. 상대방이 종전에 적어 낸 주소에 그대로 거주하고 있으면 재송달신청란의 ☐에 "✓" 표시를 하여 이 서면을 주민등록등본 등 소명자료와 함께 법원에 제출하시기 바랍니다.
3. 수취인부재, 폐문부재 등으로 송달되지 않는 경우에 특별송달(집행관송달 또는 법원경위송달)을 희망하는 때에는 특별송달신청란의 ☐에 "✓" 표시를 하고, 주간송달·야간송달·휴일송달 중 희망하는 란의 ☐에도 "✓" 표시를 한 후, 이 서면을 주민등록등본 등의 소명자료와 함께 법원에 제출하시기 바랍니다(특별송달료는 지역에 따라 차이가 있을 수 있으므로 재판부 또는 접수계에 문의바랍니다.
4. 공시송달을 신청하는 때에는 공시송달신청란의 ☐에 "✓" 표시를 한 후 주민등록말소자등본 기타 공시송달요건을 소명하는 자료를 첨부하여 제출하시기 바랍니다.
5. 주소동적의 수행을 위해서는 동사무소 등에 주소보정명령서 또는 소재기증명 등의 자료를 제출하여 상대방의 주민등록등본·초본의 교부를 신청할 수 있습니다(주민등록법 제18조 제2항 제2호, 동법 시행령 제43조 제6항 참조).

[그림 7-7] 주소보정서

7) 인도명령 결정문

인도명령 결정문이 2010년 5월 25일에 인용결정되어 낙찰자에게 송달되었고, 임차인에게도 송달이 되었다.

낙찰자 또는 임차인, 전소유자도 현재 거주 중인 주소 외에 다른 곳에 거주하고 있거나 송달을 필요로 한다면 주소 아래 부분에 '송달 주소'라고 별도 지정하면 송달 주소로 송달이 된다.

지방법원   지원
결   정

사   건 2010타기   부동산인도명령
신 청 인 박
          경기   시   구   동 731   마을 60
          송달장소 : 경기   시   구   동 673

피신청인 강
          시   읍   리 364-6

주   문
피신청인은 신청인에게 별지목록기재 부동산을 인도하라.

이   유
이 법원 2009타경27 (2009타경3 중복,2009타경3 병합)호 부동산강제경매에 관하여 신청인의 인도명령 신청이 이유있다고 인정되므로 주문과 같이 결정한다.

정 본 입 니 다.
2010. 5. 25.
법원주사보

2010. 5. 25.
판사

[그림 7-8] **인도명령 결정문**

8) 송달확인원, 집행문 부여

인도명령 신청 - 인용결정 - 인도명령 결정문 송달, 이상의 절차로 인도명령 대상자가 송달을 받았다면 강제집행을 준비해야 한다. 강제집행 신청을 하려면 법원에서 송달확인원과 집행문을 부여받아야 한다. 낙찰자는 송달된 결정문을 준비하고 법원 민사신청과 접수계로 찾아가서, 송달증명원, 집행문 부여 신청서를 작성한다.

신청서를 2부 작성하여 1부의 우측 상단에 1,000원의 인지를 붙이고(송달확인원 500원, 집행문 부여 500원) 결정문을 첨부하여 접수한 뒤 접수도장을 날인 받아 해당 경매계로 제출하면 신청한 서류를 받을 수 있다.

(1) 신청서

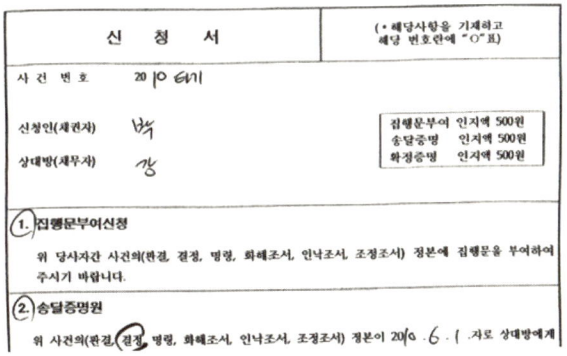

송달되었음을 증명하여 주시기 바랍니다.

3. 확정증명원

위 사건의 (판결, 결정, 명령)이 20 . . . 자로 확정되었음을 증명하여 주시기 바랍니다.

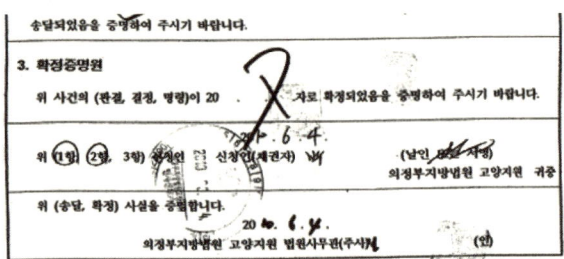

위 ①항, ②항, 3항 신청인 신청인(채권자)   (날인)
                                          의정부지방법원 고양지원 귀중

위 (송달, 확정) 사실을 증명합니다.
                                    20 . . .
                      의정부지방법원 고양지원 법원사무관(주사)   (인)

[유의사항] 1. 사건번호는 법원으로부터 수령한 소송서류 등으로 확인하여 정확하게 기재하여야 합니다.
2. 위 양식사항 중 '(단독 . . . .선고, 기타)'란에는 담당재판부와 판결을 선고받은 일자(또는 지급명령을 고지받은 일자, 화해·조정 등의 일자)를 기재합니다.
3. 위 양식사항 중 당사자를 표시하는 '원고(신청인, 부, 모)', '피고(피신청인, 부, 모)'란은 가사비송사건의 경우에 '신청인', '피신청인'란에 O표를, 가사소송사건의 경우에는 '원고', '피고'란에 O표를, 양육비부담조서의 경우 '부', '모'란에 O표를 하여야 합니다.
4. 위 양식사항 중 1 내지 3 신청의 '(판결 …… 조정조서)' 등의 란과 그 하단의 '(1항, 2항, 3항)', '(송달, 확정)'란에는 해당사항에 각 O표를 하여야 합니다.

[그림 7-9] **신청서**

(2) 송달증명원

송 달 증 명 원

사   건 : 지방법원 2009타기   부동산인도명령

신 청 인 :

피신청인 :

증명신청인 : 신청인

위 사건에 관하여 아래와 같이 송달되었음을 증명합니다.

피신청인 주식회사대림전자 : 2009. 4. 15. 송달
신청인 주식회사에프에이앤 : 2009. 4. 16. 송달. 끝.

2009. 4. 30.

지방법원

법원주사

[그림 7-10] **송달증명원**

(3) 집행문 부여

이 정본은 피신청인 강○○에 대한 강제집행을 실시하기 위하여 신청인 박○○에게 부여합니다.

2010. 6. 4.

○○지방법원 ○○지원
법원주사보 (인)

[그림 7-11] 집행문 부여 신청

강제집행 신청하기

1) 강제집행 신청

송달이 되었음을 증명하는 송달증명원과 집행문을 부여받았으면 강제집행 신청을 위해 법원의 집행관 사무소에서 강제집행 신청서를 작성한다.

첨부 서류는 집행 권원이 있는 집행문 부여, 송달증명원, 인도명령 결정문을 제출하면 된다. 하단에 있는 예금계좌 부분은 강제집행을 하지 않을 때 법원에 납부한 강제집행 예납비용을 환급받기 위한 계좌이므로 낙찰자의 계좌를 적으면 된다.

(1) 강제집행 신청서

강 제 집 행 신 청 서

지방법원 지원 집행관사무소 집행관 귀 하

채권자	성 명	박	주민등록번호 (사업자등록번호)		전화번호
					우편번호 □□□-□□□
	주 소	시 구 동(로) 가 번지 호(통 반) 아파트 동 호			
	대리인	성명( ) 주민등록번호( )			전화번호
채무자	성 명	강	주민등록번호 (사업자등록번호)		전화번호
					우편번호 □□□-□□□
	주 소	시 구 동(로) 가 번지 호(통 반) 아파트 동 호			
집행목적물 소재지		채무자의 주소지와 같음 (※다른 경우는 아래에 기재함) 시 구 동(로) 가 번지 호(통 반)			
집 행 권 원		지방법원 지원(공증인가 법률사무소 작성) 년 호 집행력 있는 정본			
집행의 목적물 및 집 행 방 법		동산압류, 동산가압류, 동산가처분, 부동산점유이전금지가처분, 건물명도, 철거, 부동산인도, 자동차인도, 기타( )			
청 구 금 액		원(내역은 뒷면과 같음)			

위 집행권원에 기한 집행을 하여 주시기 바랍니다.

단, 압류물을 채무자 또는 제3자에게 보관시키는 것을 승낙합니다.

※ 첨부서류

1. 집행권원 1통
2. 송달증명서 1통
3. 위임장(뒷면) 1통
4. 목적물 소재지 약도 1통

20 . 6 . 4 .

채권자 : 박 ㊞

대리인 : ㊞

※특약사항

1. 본인이 수령할 예납금잔액을 본인의 비용부담하에 오른쪽 표시한 예금계좌에 입금하여 주실 것을 신청합니다.

예금계좌	
개설은행	
예 금 주	박
계좌번호	1002- -160

채권자 박

2. 집행관이 계산한 수수료 기타 비용의 예납통지 또는 강제집행 속행의사 유무 확인 촉구를 2회 이상 받고도 채권자가 상당한 기간 내에 그 예납 또는 속행의 의사표시를 하지 아니한 때에는 본건 강제집행위임을 취하한 것으로 보고 종결처분하여도 이의 없습니다.

채권자 박

※ 비용계산서 및 위임장 양식은 뒷면에 인쇄되어 있으므로 이용하시기 바랍니다.

[그림 7-12] 강제집행 신청서

(2) 강제집행비용 예납

집행관 사무소에서 강제집행을 신청하면 집행에 따른 예납금 납부서를 내어준다.

예납금의 납부 방법은 집행 법원에 따라 다소 차이가 있다. 예를 들어 안양법원 등은 집행비용 전체를 납부해야 하며, 서울중앙법원, 서울남부법원, 고양법원 등은 예납금이 집행전 개고(예고)에 따른 비용만 납부 후 집행을 하기 전에 나머지를 납부한다.

집행관사무소	접 수 증 (집행비용 예납 안내)		
사건번호	2010본	사건명	부동산인도
구 분	신규 예납	담당부	5부
대리인 성명	박	주민등록번호(사업자등록번호)	5 -1(
주소	경기도 시 구 동 731		동 호
채무자 성명	강	주민등록번호(사업자등록번호)	
주소	경기도 시 읍 리 364		
대리인 성명		주민등록번호(사업자등록번호)	
주소			
사무원			
납부금액		277,560 원	
납부항목	금액	납부항목	금액
수수료	118,500 원	송달수수료	원
여비	150,000 원	우편료	9,060 원
숙박비	원	기 타	원
노무비	원		
감정료	원		
납부장소	신한은행		
위 당사자간 부동산인도 사건에 대해 당일 신규 예납 접수되었으므로 위 금액을 지정 취급점에 납부하시기 바랍니다. 2010 년 06 월 04 일			

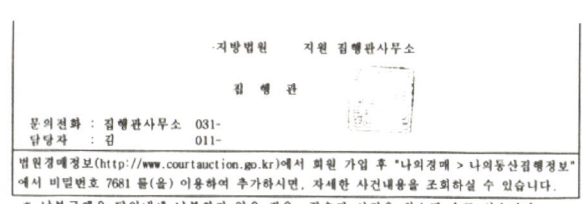

[그림 7-13] **집행비용 예납 안내 접수증**

예납 안내서와 납부서를 받으면, 법원 내 납부은행을 통해 납부하고, 납부안내서 하단에 있는 집행관 담당자 연락처로 통화하여 사건번호와 납부 사실을 통보하고, 하단부에 '나의동산집행정보'를 통해서 사건의 진행 내역을 확인하면 된다.

접수증 하단에 사건내용을 조회할 수 있는 비밀번호가 기재되어 있는데 이 비밀번호는 타인에게 알려지지 않도록 주의를 해야 한다.

[그림 7-14] **집행비용 예납 안내 접수증**

2) 강제집행 개고(예고)

예납 비용을 납부한 후 일주일 정도 시간이 흐르면 법원의 집행관을 통해 집행 개고(예고) 일정이 지정된다. 개고일이 지정되면 참관인 2명을 동행해야 하며, 집행 시 문이 잠겨 있을 것을 대비하여 법원의 집행관 사무실을 통해 법원에 집행관과 동행할 수 있는 열쇠공에게 미리 연락을 해놓는다(비용은 보통 10만 원 정도 예상).

집행관은 낙찰자와 참관인의 입회하에 인도 부동산을 방문하고, 만일 부재 중일 때에는 열쇠공을 통해 강제로 문을 연다. 문을 연 후에 부동산 내에 우편물이나 정황을 통해서 인도명령의 대상자인지를 확인한다.

임차인, 전소유자가 있다면 집행관은 법원에서 집행 권원에 의해 집행예고를 위해 방문했다고 취지를 밝히고, 낙찰자와 원만하게 합의할 것을 권하며, 합의가 안 될 때에는 강제집행을 하겠다는 예고장을 내부에 부착한다.

만일 인도 대상의 전소유자, 임차인이 아닌 제3자가 점유하고 있다면 강제집행을 할 수 없으므로 낙찰자는 법원 집행관 사무소에서 인도명령 결정문을 수령하여, 관할 주민센터를 방문해 현재 점유자의 주민등록초본을 발급받아 집행관 사무소에 제출해야 한다.

부동산인도 강제집행 예고

사　건 : 2009본　　(3푼)

채권자 :

채무자 :

　　위 당사자간 수원지방법원 결정 2009타기　　호 집행력있는 판결(결정)에 기하여 채권자로부터 부동산인도 강제집행 신청이 있으니, 2009년 5월 13일까지 자진하여 이행하시기 바랍니다.

　　위 기일까지 자진하여 이행하지 않을 때에는 예고 없이 강제로 집행이 되고 그 비용을 부담하게 됩니다.

2009.05. 6

지방법원　　지원

집 행 관 김

[그림 7-15] **집행비용 예납 안내 접수증**

　제출 후에 주민등록 등재자를 대상으로 다시 인도명령을 신청하고 위에서 진행했던 절차대로 다시 시작해야 한다. 그러므로 낙찰자는 잔금 납부 전 또는 인도명령 전에 임차인이나 전소유자를 미리 만나보거나 점유이전금지 가처분 등의 적절한 조치를 취할 필요가 있는 것이다.

　대부분 집행 예고를 하면 지금까지 인도를 거부하거나

무리한 이사비용을 요구하던 임차인이나 전소유자도 많은 부분을 포기할 수밖에 없는 상황이 발생하므로 강제집행일 이전에 이사를 하게 된다.

만일 임차인, 전소유자와 원만하게 합의가 되었다 하더라도 부동산의 인도가 완전히 마무리되기까지 강제집행을 취하하면 안 된다. 왜냐하면 강제집행을 취하하면 처음부터 다시 집행신청을 해야 하는 어려움이 따르기 때문이다.

3) 강제집행

법원의 집행관이 부동산 강제집행 예고를 하고도 부동산의 인도가 되지 않는다면, 법원 집행관과 통화하여 강제집행을 실행할 것을 알리고 일정이 지정되면 강제집행을 하게 된다.

강제집행은 정신적, 물질적으로 많은 어려움이 따르는 최악의 상황이다. 보통 배당을 받을 수 없는 임차인이나 채무가 많아 궁지에 몰린 전소유자들이 강제집행을 당하는 경우에 속하는데, 강제집행까지 가는 사람은 1,000명 중에 1~2명 정도가 있으므로 어렵게 생각할 필요는 없다. 강제집행은 합의를 이끌어내기 위한 적절한 방법이라고 보면 된다.

협의가 되지 않아 강제집행을 할 경우 집행의 방법은 조조집행과 일반집행이 있다. 조조집행은 인도 대상자가 낮에 거주하지 않을 경우에 실시하는 방법이며, 해가 뜨는 시간을 기준으로 여름에는 6시 정도, 겨울에는 7시 정도에 집행을 실시한다.

일반집행은 상가나 사무실 등 낮에 거주자가 있는 경우에 집행을 하는 방법이다. 집행 전 낙찰자의 행동 요령은 먼저 아파트나 오피스텔 등의 관리실이 있는 곳이라면 전날 해당 호수의 강제집행이 있음을 미리 통보하고, 조조집행이라면 전날 저녁에 인도주택에 사람이 있는지를 확인하고, 집에 사람이 없다고 판단되면 집행관에게 아침 일찍 전화를 해서 적절한 조취를 취해야 한다.

만일 강제집행을 예측하고 임차인이나 소유자가 집을 비웠다면 다음날 강제 집행이 불가할 수도 있다. 이렇게 강제집행이 실패하게 되면 예납금 중 30% 정도가 집행관 및 노무비로 삭감되어 금전적 손실을 입을 수 있다.

인도 대상자가 없을 만일의 경우를 미리 예측할 수 있도록 하고, 인도 대상자가 없는 상황이라면 집행관에게 미리 채권자 보관 신청을 할 수 있다. 이는 낙찰자가 강제집행 후에 짐을 보관하는 것이다.

강제집행 대상지가 3층 이상으로 사다리차가 필요하다면 미리 사다리차를 섭외해야 하며, 개고 때와 마찬가지로 열쇠공도 동행해야 한다(비용은 사다리차 20만 원, 열쇠공 10만 원 + 교체비용 10만 원 예상).

낙찰자는 집행 시간에 맞춰 미리 현장에 참여인 2명과 같이 대기한다. 집행 시간에 맞춰 집행관이 도착하고 열쇠공과 작업반장, 집행관, 낙찰자, 참여인 등이 물건지로 가서 벨을 누르고 법원에서 집행을 실시하러 왔음을 고지한다. 거주자가 없거나, 문을 열지 않을 경우에는 열쇠공이 강제로 문을 연다.

문을 연 후에 거주자가 있다면 집행을 고지하고, 집행관은 다시 낙찰자와 합의할 것을 중재하나, 판단은 낙찰자의 몫이다. 낙찰자가 강제집행을 할 것을 집행관에게 요구하면, 집행관은 집행 인부들에게 집행을 명령한다.

작업반장은 집기들의 목록을 작성하고 인부들은 집기들을 상자나 자루에 담아 사다리차 등을 이용해서 밖으로 이동시킨다. 집행은 보통 40분에서 1시간 정도가 소요되는데, 낙찰자가 물건지에 같이 있으면 심적인 부담이 있으므로 가까운 곳에 이동하여 기다리고 있으면, 집행관이 집행이 끝났다는 통보를 한다.

집행은 끝나더라도 문제가 남는다. 집행한 짐을 어떻게 처리하는가의 문제이다. 임차인이나 전소유자가 다른 장소로 짐을 옮겨간다면 문제가 없겠지만, 보관할 장소가 없다면 낙찰자가 보관해야 한다. 낙찰자는 집행관이 지정하는 보관 장소에 보관해야 하며, 짐의 양에 따라서 비용을 감수해야 한다.

낙찰자가 열쇠공으로부터 교체한 열쇠를 받고 내부를 확인하면 집행은 완료된다.

4) 특수한 경우의 인도명령

인도명령은 대상자가 제한적이다. 선순위 임차인이나 유치권자의 경우에는 인도명령의 대상이 아니다. 그러나 가장임차인 또는 허위 유치권자의 경우에는 인도명령으로 해결이 가능하다. 일반적인 인도명령과 달리 시간과 적절한 조사, 신중함이 필요하다.

(1) 선순위 가장임차인

선순위 가장임차인을 예로 들어보자. 본건의 임차인은 전소유자의 아들로 등기부상의 기준권리인 2005년 4월 25일보다 빠른 2002년 2월 14일에 전입한 대항력이 있

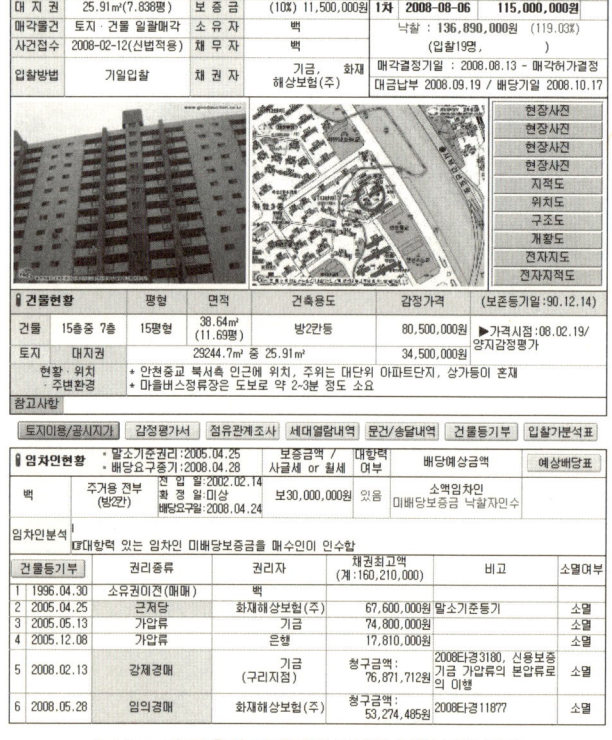

[그림 7-16] **굿옥션 경매물건 검색을 통한 낙찰 결과**

는 임차인으로 보인다. 법원에 권리신고와 배당요구까지 해서 소액배당을 받고 나머지 미배당금은 낙찰자가 인수하는 상황이다.

(2) 무상임차 각서

가장임차인으로 보이는 심증은 있으나, 물증이 없으므로 채권자인 삼성화재를 방문하여 무상임차 각서가 있는지를 확인하였다.

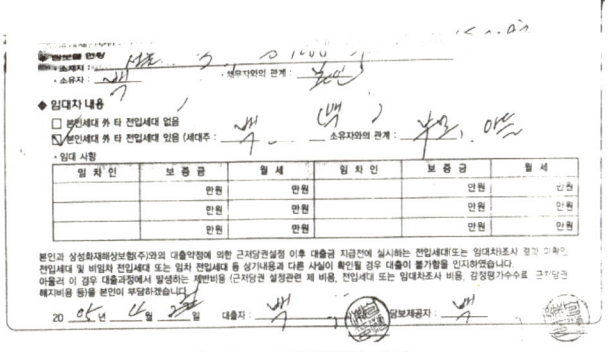

[그림 7-17] **무상임차 각서**

채권자를 통해 확인한 무상임차각서이며 본인과의 친인척 관계임을 확인할 수 있다.

(3) 선순위 가장임차인을 상대로 한 인도명령 신청

선순위 가장임차인을 상대로 법원의 자료와 무상임차각서 등을 첨부하여 인도명령을 신청했다. 이 경우에는 잔금 납부와 동시에 인도명령 신청이 아니라 법원으로부터 인도명령 결정의 인용이 바로 이루어질 수 있도록 자료를 철저히 준비하여 인도명령 인용결정이 되도록 한다. 일반적인 인도명령 신청을 하였을 경우 인도명령 기각 결정이 된다면 임차인이 대항력이 있음을 인정하는 판결이 될 수 있으므로 시간이 소요되더라도 철저히 준비해야 한다.

사건일반내용	사건진행내용		
사건번호 :	지방법원 2008타기		

기본내용 » 청사배치

사건번호	2008타기	사건명	경락부동산인도명령
재판부	경매3계 (전화:)		
접수일	2008.10.22	종국결과	2008.11.03 인용
항고접수일		항고인	
항고종국일		항고결과	
송달료,보관금 종결에 따른 잔액조회		» 잔액조회	

[그림 7-18] 대법원 사이트 사건검색을 통한 진행절차 확인

(4) 심문서 발송 및 진행절차 확인

법원은 임차인으로 등재된 소유자의 아들에게 심문 기일을 지정하여 심문서를 발송했다. 가장임차인의 경우

심문서를 발송하더라도 법원에 출석하는 경우가 드물기 때문에 인용결정이 되었다.

일자	내용	결과	공시문
2008.10.22	소장접수		
2008.10.23	피신청인1 벽 에게 심문서 발송	2008.10.27 도달	
2008.10.23	피신청인2 벽 에게 심문서 발송	2008.10.27 도달	
2008.11.03	기타		
2008.11.03	종국 : 인용		
2008.11.04	기타		
2008.11.05	피신청인 벽 에게 부동산인도명령 발송	2008.11.07 도달	
2008.11.05	피신청인 벽 에게 부동산인도명령 발송	2008.11.07 도달	
2008.11.05	신청인 윤 에게 부동산인도명령 발송	2008.11.10 도달	

[그림 7-19] **대법원 사이트 사건검색을 통한 진행절차 확인**

법원은 낙찰자가 인도명령 신청을 하면 심문서를 발송하거나 심문기일을 지정하여 임차인이 권원이 있는지 여부를 판단한다. 임차인이 임대차에 관한 자료 및 증빙자료가 없거나, 별도의 심문서를 법원에 제출하지 않으면 법원은 인도명령 결정이 인용된다.

5) 명도확인서

선순위, 후순위에 관계없이 배당을 받는 임차인이라면 배당을 받기 위해서 필요한 서류가 명도확인서이다. 실무상 최근에는 배당을 받는 전소유자에게도 명도확인서를 첨부하여 제출하라는 법원도 있으나 보편적이지는 않다. 임차인의 명도확인서를 언제 어떤 방법으로 전달을 해야 하는지가 명도의 중요한 포인트이다.

원칙적으로 명도확인서는 말 그대로 명도를 확인하고 임차인에게 줄 수 있는 것인데, 임차인의 입장에서는 배당을 받지 않은 상태에서 다른 곳으로 이사를 갈 계약금조차 없다면, 미리 명도확인서를 요구할 것이다.

실무에서 가장 많이 부딪치는 것이 위와 같은 상황이다. 임차인 가운데 열에 아홉은 계약금이 없어서 이사를 못하다보니 낙찰자와 이사 날짜가 맞지 않아 감정적으로 격해지는 경우가 많다. 그렇다고 명도확인서를 미리 임차인에게 전달해주게 되면, 임차인이 미리 배당받은 뒤에 변심을 하게 되는 경우, 낙찰자가 예기치 못하게 고생하는 상황이 발생할 수 있기 때문에 명도확인서를 미리 전달하는 것은 낙찰자가 신중히 생각하여 처리할 부분이다. 따라서 명도확인서는 낙찰자에게 중요한 명도 수단이 되기도 한다.

가장 적절하게 사용하는 방법은 임차인이 낙찰자에게 담보가 될 수 있는 것을 제공하게 하는 방법이다. 또는 배당금의 일부를 낙찰자에게 위탁하고 이사하는 날에 낙찰자가 돌려주고, 명도가 되지 않을 때에는 손해배상으로 위탁한 배당금 전액을 포기하겠다는 각서를 받는 방법도 있다.

각서의 내용에는 공과금과 지연이자 및 손해배상에 관한 부분을 꼭 기재하고 임차인의 인감증명서를 첨부하고 인감을 각서에 날인 받아 놓는다면 임차인의 입장에서는 심적인 부담을 느끼기 때문에 낙찰자는 정해진 날짜에 건물을 명도 받을 수 있을 것이다.

명도확인서와 건물의 명도가 동시 이행인 것처럼 낙찰자가 명도확인서와 인감증명을 첨부해서 임차인에게 전달하면 임차인도 마찬가지로 각서와 인감증명을 첨부하여 낙찰자에게 전달하도록 하는 것이 바람직하다. 물론 임차인 입장에서는 너무 지나치다고 생각할지 모르지만 낙찰자 입장에서는 이것이 약속한 기일에 이사를 하게 하는 가장 좋은 방법이다.

이런 방법이 아니라면 임차인의 배당금에 가압류를 해서 배당금을 수령하지 못하게 하는 방법도 있으나 실무상으로는 시간이 많이 소요되므로 임차인을 강박하는 수단으로는 적합하지 않다.

(1) 명도확인서

명 도 확 인 서

주 소: 서울특별시 마포구 서교동 400
       OO빌라 3동 402호

성 명: 심 O O

서울 서부법원 2008 타경 20000 호 부동산 임의 경매 사건에 관하여 임차인 심 OO는 임대차 배당금을 수령하기위해 낙찰자 이 OO에게 명도되었음을 확인함.

첨부서류 : 낙찰자 명도확인용 인감 1통

낙 찰 자: 이 O O   (인)

서 울 서 부 법 원 귀 중

[그림 7-20] **명도확인서**

 명도확인서는 말 그대로 명도를 확인하고 임차인에게 전달하는 서류이다. 그러나 임차인의 경우 미리 배당을 받아야 이사할 곳의 보증금을 마련하여 이사를 할 수 있고, 낙찰자 입장에서는 배당을 받은 후에 명도를 하지 않으면 어려움이 예상되므로 미리 명도확인서의 전달을 꺼리게 된다.

 이런 문제로 임차인과 낙찰자 사이에 신경전이 벌어지곤 한다. 이를 해결하기 위한 방법은 다음과 같다.

 ① 낙찰자는 임차인에게 미리 명도확인서를 전달하면

서 명도각서와 임차인의 인감증명을 받는다. 낙찰자는 명도확인서와 인감증명을 임차인에게 주고, 임차인은 각서와 인감증명을 낙찰자에게 준다.

② 낙찰자는 임차인의 배당금 중 일부를 받아서 명도완료 시에 돌려주며, 명도가 이루어지지 않을 시에는 몰수한다는 규정을 정하고 명도확인서를 전달한다.

위와 같은 방법이라면 큰 무리 없이 임차인과의 명도가 이루어질 수 있다.

(2) 명도각서

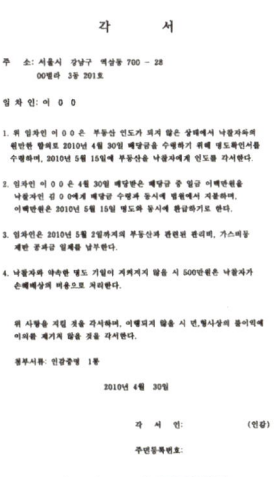

[그림 7-21] **명도각서**

명도각서의 내용은 다음과 같다.

① 소유자 또는 임차인의 명도일자를 기재한다.

② 명도 시 관리비 연체와 공과금 일체를 납부하고 영수증을 낙찰자에게 전달한다.

③ 명도일자를 어길 시 손해배상을 한다는 내용을 기재한다.

④ 소유자, 임차인의 인감증명을 첨부한다.

이상의 내용을 기재한 명도각서를 2부 작성하여 낙찰자와 임차인의 날인을 하고 1부씩 보관한다.

명도각서의 내용대로 특별한 사항이 없다면 진행이 되기는 하나 필요 시에는 임차인의 이사날짜 전에 이전할 주택의 계약서를 팩스 등을 통하여 받아 확인할 수 있다.

(3) 도시가스비 연체

도시가스비는 전기와 달리 아파트, 오피스텔과 같은 공동주택에서도 세대별로 부과되기 때문에 정상적인 명도 시에는 임차인이나 전소유자가 납부하거나, 이사비용에서 상계 처리하면 된다. 그러나 강제집행이나 낙찰자의 부주의로 명도 후에 체납액이 부과되는 경우가 있다. 이와 같은 상황이 발생할 때는 도시가스 공급규정(제2장 제

〈도시가스 공급규정 제2장 제9조〉

3항. 가스공급 및 사용시설이 속한 건축물이 매매·임대·상속 등의 사유로 가스사용자가 변경된 경우 변경된 가스사용자는 문서(전자문서 포함) 또는 전화로 당사에 가스사용자 명의변경을 신청하여야 하며(별지 제3호 서식), 가스사용자 명의변경 신청이 있는 경우 당사는 이전 가스사용자의 체납확인 등 필요한 조치를 취하여야 합니다.
다만, 가스수요자가 명의변경 없이 가스를 계속 사용할 경우에는 변경요인이 발생한 일로부터 실제 변경기준일까지의 요금은 납부하여야 합니다.

4항. 가스사용자가 변경된 경우 이전 사용자의 체납요금은 변경된 가스사용자에게 승계되지 않습니다.

5항. 법원경매로 취득한 물건의 경우 소유권 이전일 이전 사용자의 체납요금은 변경된 가스사용자에게 승계되지 않습니다.

[그림 7-22] **도시가스 공급규정**

9조)을 참조하면 손쉽게 처리할 수 있다.

이런 상황을 사전에 막기 위해서는 낙찰 후 등기부 등본을 첨부하여 지역 가스 공급업소에 명의변경 신고를 하면 된다. 이렇게 하면 체납액이 승계되지 않는다.

(4) 전기·수도요금 연체

관리비에 전기요금이 부과되는 공동주택을 제외한 부동산에서 임차인이나 전소유자가 사용한 미납된 전기요금이 있다면 체납된 전기·수도요금에 관련된 대법원 판례(대법원 1992.12.24. 선고 92다16669 판결【부당이득금】)를 참조한다.

한국전력 관할 지점을 방문하여 사용자 명의변경 신청

대법원 1992.12.24. 선고 92다16669 판결 【부당이득금】
[공1993.2.15.(938),591]

【판시사항】

가. 신수용가가 구수용가의 체납전기요금을 승계하도록 규정한 한국전력공사의 전기공급규정이 일반적 구속력을 갖는 법규로서의 효력이 있는지 여부(소극)
나. 전기사업법 제17조 제1항소정의 "전기요금 기타 공급조건"의 의미와 구수용가가 체납한 전기료납부의무의 승계에 관한 사항이 이에 포함되는지 여부(소극)
다. 수도법 제17조에 의하여 건물의 구소유자의 체납수도요금납부의무가 당연히 신소유자에게 승계되는지 여부(소극)

【판결요지】

가. 한국전력공사의 전기공급규정에 신수용가가 구수용가의 체납전기요금을 승계하도록 규정되어 있다 하더라도 이는 공사 내부의 업무처리지침을 정한 데 불과할 뿐 국민에 대하여 일반적 구속력을 갖는 법규로서의 효력은 없고, 수용가가 위 규정에 동의하여 계약의 내용으로 된 경우에만 효력이 생긴다.
나. 전기사업법 제17조 제1항소정의 "전기요금 기타 공급조건"이라 함은 전기를 공급받고자 하는 자 또는 전기를 사용하는 자가 일반전기사업자로부터 장차 전기를 공급받기 위한 전기공급계약의 내용으로 되는 사항, 즉 일반전기사업자가 수용가에게 전기를 공급하는 방법, 이와 관련하여 수용가가 수인하거나 부담하여야 할 요금 기타 사항을 말하게 될 것이고, 구수용가가 체납한 전기료납부의무의 승계에 관한 사항은 구수용가의 한국전력공사에 대한 채무를 신수용가가 인수하느냐 하는 문제로서 신수용가가 장래 위 공사로부터 전기를 공급받는 데 관한 사항은 아니며, 따라서 이러한 사항은 위 "전기요금기타 공급조건"에 포함되지 아니한다.
다. 수도법 제17조의 규정에 의하여 제정된 시의 수도급수조례에 급수장치에 관한 권리의무는 당해 급수장치가 설치된 건물 또는 토지의 처분에 부수하며, 급수장치에 관한 소유 또는 관리권을 취득한 자는 이 조례에 의하여 그 취득 전에 발생한 의무에 대하여도 이를 승계한다고 규정되어 있어도 위 규정은 급수장치에 관한 권리의무의 승계에 관한 것으로서 건물의 구소유자의 체납수도요금납부의무가 건물에 대한 소유권을 취득하였다는 것만으로 신소유자에게 승계된다고 할 수 없다.

[그림 7-23] 체납 전기·수도요금에 대한 대법원 판례

(등기부 등본 첨부)을 하면 연체된 전기요금을 지불하지 않아도 된다. 마찬가지로 수도사업소를 방문하여 사용자 명의변경 신청을 하면 전기와 동일하게 소유권 이전의 연체는 지불하지 않아도 된다.

step 7. 명도 기법

명도 사례

1) 사례-1

소재지	경기도 수원시 장안구 정자동 914, 대원마을대림진흥아파트 824동 4층 404호						
물건종별	아파트(34평형)	감 정 가	330,000,000원	[입찰진행내용]			
건물면적	84.946㎡(25.696평)	최 저 가	(80%) 264,000,000원	구분	입찰기일	최저매각가격	결과
				1차	2009-05-21	330,000,000원	유찰
대 지 권	49.637㎡(15.015평)	보 증 금	(10%) 26,400,000원	2차	2009-06-19	264,000,000원	
매각물건	토지·건물 일괄매각	소 유 자	박	낙찰 : 304,390,000원 (92.24%) (입찰6명,낙찰:유 / 2등입찰가 298,129,900원)			
사건접수	2008-12-30(신법적용)	채 무 자	박				
				매각결정기일 : 2009.06.26 - 매각허가결정			
입찰방법	기일입찰	채 권 자	협	대금지급기한 : 2009.07.24			

건물현황	평형	면적	건축용도	감정가격	(보존등기일:01.12.11)
건물	24층중 4층	34평형	84.946㎡ (25.7평)	방3,화장실2등	260,700,000원	▶가격시점:09.01.12/ 하나감정평가
토지	대지권		26877.6㎡ 중 49.636㎡		69,300,000원	
현황·위치 주변환경	* 동남보건대학교 북동측 인근 위치, 주위는 아파트, 단독주택, 학교등이 혼재함 * 차량 진출입이 용이, 제반교통사정 보통, 부정형 토지 * 동측 및 북측 왕복 4차선 아스팔트 포장도로와 접합, 단지내 아스팔트 포장도로와 접합				

건물등기부	권리종류	권리자	채권최고액 (계:247,000,000)	비고	소멸여부
1 2001.12.31	소유권이전(매매)	박			
2 2006.12.21	근저당	협 (장안평지점)	240,000,000원	말소기준등기	소멸
3 2008.06.05	가압류	나	7,000,000원		소멸
4 2009.01.05	임의경매	협 (장안평지점)	청구금액: 214,383,543원	2008타경69625	소멸
5 2009.03.23	압류	공단			소멸

[그림 7-24] **굿옥션 경매물건 검색을 통한 낙찰결과**

(1) 진행절차

① 2009년 6월 19일 낙찰.

② 6월 26일 낙찰 허가결정.

③ 7월 4일 '이의신청 없음' 확정.

④ 7월 9일 대출자서(농협, 낙찰가 80%, 금리 6.5%)

⑤ 7월 10일 협의명도 시작(아파트 방문 - 부재중 연락처 남김)

⑥ 7월 24일 대금 지급기일 지정

⑦ 7월 23일 전소유자 연락 옴. 잔금 납부예정 통보. 낙찰가보다 채권이 작아서 배당을 받을 수 있으니 배당기일까지 기다려줄 것을 사정함.

9월 13일까지 명도 요구함.

⑧ 7월 24일 대금 지급납부.

⑨ 7월 24일 인도명령 신청.

⑩ 8월 13일 인도명령 인용결정.

기본내용

사건번호	2009타기	사건명	부동산인도명령
재판부	경매 1계 (전화:(031)210-1261)		
접수일	2009.07.24	종국결과	2009.08.13 인용
항고접수일		항고인	
항고종국일		항고결과	
송달료,보관금 종결에 따른 잔액조회		›› 잔액조회	

[그림 7-25] **대법원 사이트를 통한 진행절차 확인**

⑪ 8월 19일 인도명령 결정문 송달.

일자	내용	결과	공시문
2009.07.24	소장접수		
2009.08.13	종국 : 인용		
2009.08.14	신청인1 에게 결정정본 발송	2009.08.19 도달	
2009.08.14	피신청인1 박 에게 결정정본 발송	2009.08.19 도달	

[그림 7-26] **대법원 사이트를 통한 진행절차 확인**

⑫ 8월 20일 통화(인도명령 결정문 송달받고, 강제집행 예정이라는 것을 통보. 이사 갈 집을 알아보고 있다고 함. 명도확인서 미리 줄 것을 요구함)

⑬ 8월 26일 배당기일 지정.

⑭ 9월 3일 명도확인서 전달(각서, 인감증명 첨부, 각서에 9월 13일)

⑮ 9월 11일 이사 갈 집 계약서를 팩스로 보내옴.
⑯ 9월 13일 명도 완료.

2) 사례-2

(1) 진행절차

소재지	서울특별시 강남구 개포동 186-18, 공신빌딩 4층 1호						
물건종별	근린상가	감정가	520,000,000원	\[입찰진행내용 \]			
				구분	입찰기일	최저매각가격	결과
건물면적	156.52㎡(47.347평)	최저가	(64%) 332,800,000원	1차	2009-10-08	520,000,000원	유찰
대지권	미등기감정가격포함	보증금	(10%) 33,280,000원	2차	2009-11-12	416,000,000원	유찰
매각물건	토지·건물 일괄매각	소유자	이십일세기	3차	2009-12-17	332,800,000원	
사건접수	2008-11-25(신법적용)	채무자	이십일세기	낙찰 : 387,690,000원 (74.56%) (입찰4명)			
				매각결정기일 : 2009.12.24 - 매각허가결정			
입찰방법	기일입찰	채권자	이	대금지급기한 : 2010.01.25 - 기한후납부			

건물현황	평형	면적	건축용도	감정가격	(보존등기일:'97.04.10)
건물	6층중 4층	136.34㎡ (41.24평)	사무실	364,000,000원	▶가격시점:09.01.30/ 정일감정평가
건물	6층중 지하2층	20.18㎡ (6.1평)	주차장		
토지	대지권	683.8㎡ 중 30.1㎡ * 대지권미등기이나 감정가격에 포함 평가됨		156,000,000원	
현황·위치 ·주변환경	* 양전초교 남서측인근에 위치하며, 부근은 근린생활시설 및 업무시설이 주를 이루는 아파트단지 주변상가지대로서 인근에 대단위아파트단지,학교,공원,공공시설등이 혼재함. * 제반 차량출입이 가능하며, 버스정류장 및 지하철분당선(개포동역)이 인근에 소재하는 등 대중교통여건은 양호시됨, 동측 및 남측으로 노폭 약15미터, 서측으로 노폭 약8미터, 북측으로 노폭 약6미터의 도로와 각각 접합.				
참고사항	* 2009타경34406(중복),2008타경38913(병합) * 대 683.8㎡ (경매할지분 갑구 66번 683.8분의 30.1 이십일세기컨설팅(주) 지분)				

토지이용·공시지가	감정평가서	점유관계조사	매각물건명세	사건내역보기	문건/송달내역	건물등기부
			입찰가분석표			

임차인현황	말소기준권리:2007.05.02 배당요구종기:2009.03.06		보증금액 / 사글세 or 월세	대항력 여부	배당예상금액	예상배당표
양	기타 4층1호 (21세기)	사업자등록:2001.03.27 확정일:미상	보250,000,000원	없음	배당금 없음	배당요구없음

기타참고	『제시목록 및 등기부등본상 4층1호면적중 지2층(주차장)20.18㎡은 집합건축물대장상 공용부분면적임. 현장조사보고서				
건물등기부	권리종류	권리자	채권최고액 (계:3,548,526,992)	비고	소멸여부
1 2000.08.29	소유권이전(매매)	이십일세기			
2 2007.05.02	근저당	은행 (개포역지점)	480,000,000원	말소기준등기	소멸
3 2007.11.08	가압류	정	50,000,000원		소멸
4 2008.02.20	가압류	조	151,627,397원		소멸
5 2008.02.20	가압류	이	26,718,904원		소멸
6 2008.04.02	가압류	김	30,000,000원		소멸
7 2008.07.31	가압류	김	100,000,000원		소멸
8 2008.09.10	가압류	박	26,000,000원		소멸
9 2008.10.14	가압류	서	200,000,000원		소멸
10 2008.10.14	가압류	이	230,000,000원		소멸
11 2008.10.20	가압류	이	51,000,000원		소멸
12 2008.11.03	가압류	최	59,924,747원		소멸
13 2008.11.26	강제경매	이	청구금액: 13,500,000원	2008타경36009	소멸

[그림 7-27] **굿옥션 경매물건 검색을 통한 낙찰결과**

① 2009년 12월 17일 낙찰.

② 12월 22일 열람등사신청(임차인으로 등재된 21세기 ○○○가 소유자(21세기×××)와 관련됨을 확인하기 위함).

③ 12월 24일 오후 2시 낙찰 허가결정.

④ 2010년 1월 4일 '이의신청없음' 확정.

⑤ 1월 25일 대금 지급기한.

⑥ 1월 28일 인도명령 신청(2010타기 000호).

기본내용	≫ 형사배치		
사건번호	2010타기	사건명	부동산인도명령
재판부	경매8계 (전화:530-1820)		
접수일	2010.01.28	종국결과	2010.02.19 인용
항고접수일		항고인	
항고종국일		항고결과	
송달료,보관금 종결에 따른 잔액조회		≫ 잔액조회	

[그림 7-28] **인도명령의 접수 및 사건번호**

⑦ 임차인 심문기일 발송(소유자의 대표이사이며, 임차인의 대표이사).

일 자	내 용	결 과	공시문
2010.01.28	소장접수		
2010.02.08	피신청인1 양 에게 심문서 발송	위의 '확인' 항목 체크	
2010.02.19	종국 : 인용		

[그림 7-29] **인도명령 종국결과**

⑧ 2월 19일 담당계장과 통화(본건은 3개의 물건이 진행 중이므로 전체가 낙찰되어, 임차인들이 배당을 받아야만 인도명령이 인용된다. 그러나 본건의 임차인은 소유자와 동일한 위장임차인으로 판단 - 인용결정을 부탁).

⑨ 2월 19일 판사결제를 통해 인용 결정됨.

⑩ 2월 22일 임차인 방문 3월 30일까지 명도해줄 것을 통보함.

⑪ 2월 22일 결정문 발송, 2010년 2월24일 결정문 송달됨.

2010.02.22	신청인1 에게 결정정본 발송	2010.02.24 도달
2010.02.22	피신청인1 양 에게 결정정본 발송	2010.02.24 도달

[그림 7-30] **인도명령의 송달 내역**

⑫ 3월 15일 임차인과 면담하여 이사비용 협의.

| 2010.03.10 | 신청인 | 결정정본 |
| 2010.03.10 | 신청인 | 집행문및송달증명 |

[그림 7-31] 집행문 부여 및 송달증명원 발급내역

⑬ 3월 20일 집행 개고.

⑭ 3월 25일 이사비용 지급하고 명도 완료.

3) 사례-3

(1) 진행절차

소 재 지	경기도 군포시 당정동 154-8,외 2필지						
물건종별	공장	감 정 가	2,111,637,100원	\[입찰진행내용 \]			
				구분	입찰기일	최저매각가격	결과
토지면적	784㎡(237.16평)	최 저 가	(51%) 1,081,158,000원	1차	2008-10-01	2,111,637,100원	유찰
건물면적	1651.3㎡(499.518평)	보 증 금	(10%) 108,120,000원	2차	2008-11-05	1,689,310,000원	유찰
				3차	2008-12-10	1,351,448,000원	유찰
매각물건	토지·건물 일괄매각	소 유 자	(주) 전자	**4차**	**2009-02-04**	**1,081,158,000원**	
사건접수	2008-05-20(신법적용)	채 무 자	(주) 전자	낙찰 : 1,288,870,000원 (61.04%) (입찰4명, 낙찰: 2등입찰가 1,229,990,000원)			
입찰방법	기일입찰	채 권 자	은행	매각결정기일 : 2009.02.11 - 변경			

			사진1
			사진2
			기타
			위치도
			구조도
			개황도
			기타1
			기타2
			전자지도
			전자지적도

목록		지번	용도/구조/면적/토지이용계획	㎡당	감정가	비고
토지	1	당정동 154-8	대 456㎡ (137.94평)	• 일반공업지역,과밀억제 지역,과밀억제권역	1,703,000원	776,568,000원	표준시송시가: (㎡당)1,070,000원 • 현황:공장용지
	2	당정동 155-3	임야 137㎡ (41.443평)	• 일반공업지역,과밀억제 지역,준보전산지,과밀억 제권역	1,703,000원	233,311,000원	• 현황:공장용지
	3	당정동 908-224	공장용지 191㎡ (57.778평)	• 일반공업지역,과밀억제 지역,과밀억제권역	1,703,000원	325,273,000원	
					소계 1,335,152,000원		
건물	1	당정동 154-8, 155-3 일반철골,명스 라브	1층	공장	345.98㎡(104.659평)	495,000원	171,260,100원
	2		2층	공장	360.84㎡(109.154평)	495,000원	178,615,800원
	3		3층	공장	360.84㎡(109.154평)	495,000원	178,615,800원
	4		4층	사무실,공장	360.84㎡(109.154평)	495,000원	178,615,800원

제시외건물	1	당정동 154-8 샌드위치판넬	옥탑	주택등	100㎡(30.25평)	330,000원	33,000,000원	매각포함
	2		옥탑	계단실등	40.4㎡(12.221평)	297,000원	11,998,800원	매각포함
	3		옥탑	계단실등	13㎡(3.933평)	297,000원	3,861,000원	매각포함
	4		1층	창고	2㎡(0.605평)		500,000원	매각포함
	5		지하	물탱크실	67.4㎡(20.389평)	297,000원	20,017,800원	매각포함
		제시외건물 포함 일괄매각				소계	69,377,600원	

| 감정가 | 우선감정 / 가격시점: 2008-06-20 | 합계 2,111,637,100원 | 일괄매각 |

| 현황위치 | * (주)유한양행 남측 인근에 위치, 주변은 중.소규모공장, 아파트형공장이 혼재하는 기존공업지대임
* 본건까지 차량출입이 가능하며 대중교통 이용은 보통임
* 3필 일단의 부정형의 토지로서 공업용부지로 이용중임
* 남서측으로 노폭 약 6m내외의 포장도로와 접함 |

| 토지이용/공시지가 | 감정평가서 | 점유관계조사 | 매각물건명세 | 문건/송달내역 | 건물등기부 | 토지등기부 |

입찰가분석표

임차인현황		말소기준권리:2001.05.24 배당요구종기:2008.08.20	보증금액 / 사글세 or 월세	대항력여부	배당예상금액	예상배당표
김윤희	공장 1,2층전부 (신우테크)	사업자등록:2006.07.03 확 정 일:2008.08.12 배당요구일:2008.08.14	보 60,000,000원 월 200,000원	없음	배당여부불투명	

[그림 7-32] 굿옥션 경매물건 검색을 통한 낙찰결과

① 2009년 2월 4일 낙찰.

② 2월 11일 낙찰 허가결정 기일 변경됨. 소유자의 불허가 신청(변압기, 순간온수기가 감정에서 누락)으로 낙찰 허가결정 기일이 연기됨.

③ 2월 24일 낙찰 불허가 신청에 관한 이의신청서 제출.

④ 3월 4일 낙찰 허가결정.

⑤ 3월 12일 낙찰 확정 - 이의신청 없음.

⑥ 4월 8일 대금 지급기일 지정-잔금 납부.

⑦ 4월 9일 소유자 인도명령 신청. 4월 10일 인용결정 (임차인은 유치권 신고자로 별도의 인도명령 신청서를 작성하여 신청 예정임).

⑧ 4월 13일 결정문 발송 - 4월 16일 송달 - 4월 30일 강제집행 신청(송달증명원, 집행문)

기본내용	>> 청사배치		
사건번호	2009타기	사건명	부동산인도명령
재판부	경매4계 (전화:(031)210-1264)		
접수일	2009.04.09	종국결과	2009.04.10 인용
항고접수일		항고인	
항고종국일		항고결과	
송달료,보관금 종결에 따른 잔액조회		>> 잔액조회	

[그림 7-33] **인도명령 신청 및 사건번호**

일 자	내 용	결 과	공시문
2009.04.09	소장접수		
2009.04.10	종국 : 인용		
2009.04.13	신청인1 주식회사 에게 결정정본 발송	2009.04.16 도달	
2009.04.13	피신청인1 주식회사 에게 결정정본 발송	2009.04.15 도달	
2009.04.30	신청인 주식회사에프에이맨 집행문및송달증명	2009.04.30 발급	

[그림 7-34] **채무자의 인도명령 신청 송달내역**

⑨ 소유자의 소재가 불명하여 수소문하여 소유자와 면담. 회사의 부도로 공장의 이전에 시간이 소요되므로 기다려달라 요청함.

⑩ 4월 28일 임차인 인도명령 신청 - 2009년 5월 11일 인용.

기본내용	>> 청사배치		
사건번호	2009타기1265	사건명	부동산인도명령
재판부	경매4계 (전화:(031)210-1264)		
접수일	2009.04.28	종국결과	2009.05.11 인용
항고접수일		항고인	
항고종국일		항고결과	
송달료,보관금 종결에 따른 잔액조회		>> 잔액조회	

[그림 7-35] **임차인의 인도명령신청 및 사건번호**

부동산인도 강제집행 예고

사　건 : 2009본　　(부)
채권자 : (주)
채무자 : (주)

위 당사자간　지방법원 결정 2009타기（　호 집행력있는 판결(결정)
에 기하여 채권자로부터 부동산인도 강제집행 신청이 있으니, 2009
년 6월 13일까지 자진하여 이행하시기 바랍니다.

위 기일까지 자진하여 이행하지 않을 때에는 예고 없이 강제로 집행이
되고 그 비용을 부담하게 됩니다.

2009. 05. 6

[그림 7-36] **집행 개고장**

⑪ 5월 6일 오후 2시 집행관 소유자 개고.

⑫ 5월 12일 결정문 발송 - 5월 15일 송달 - 5월 22일 임차인 인도명령 신청 이의 - 5월 28일 강제집행 신청 - 임차인의 인도명령 이의 각하됨.

⑬ 6월 8일 소유자 이사 견적서 받음(공장의 내부 기계

일자	내용	결과	공시문
2009.04.28	소장접수		
2009.05.11	종국 : 인용		
2009.05.12	신청인1 주식회사　　　에게 결정정본 발송	2009.05.15 도달	
2009.05.12	피신청인1 김　(　테크)에게 결정정본 발송	2009.05.14 도달	
2009.05.22	피신청인 김　(　테크) 이의신청서 제출		
2009.05.28	신청인 주식회사　　집행문및송달증명	2009.05.28 발급	
2009.05.28	피신청인1 김　(　테크)에게 항고장각하결정정본 발송	2009.06.01 도달	

[그림 7-37] **임차인의 인도명령 항고 및 항고각하 내역**

step 7. 명도 기법

가 너무 많아 강제집행으로 처리가 어렵고 비용이 많이 나와 창고로 이전하기로 협의).

⑭ 6월 15일 명도(4일간 15톤 트럭 15대 분량 - 창고로 이전).

⑮ 6월 19일 강제집행 취하 신청 - 집행비용 환급.

⑯ 6월 30일 임차인 집행 개고.

⑰ 임차인 협의 - 2개월간 임대료 지불하고, 8월 30일에 명도 예정.

⑱ 8월 30일 명도 완료.

⑲ 8월 31일 한국전력 방문 대체해지, 명의변경 신청.

⑳ 9월 1일 수도사업소 방문, 명의변경 신청.

부동산 경매 7일 만에 끝내기

펴낸날	초판 1쇄 2011년 7월 11일

지은이 **신수현**
펴낸이 **심만수**
펴낸곳 **㈜살림출판사**
출판등록 1989년 11월 1일 제9-210호

경기도 파주시 교하읍 문발리 파주출판도시 522-1
전화 031)955-1350   팩스 031)955-1355
기획·편집 031)955-4671
http://www.sallimbooks.com
book@sallimbooks.com

ISBN 978-89-522-1604-5   13320

※ 값은 뒤표지에 있습니다.
※ 잘못 만들어진 책은 구입하신 서점에서 바꾸어 드립니다.

책임편집 **박종훈**